"Te reto a escribir

Ejercicios para superar
el bloqueo creativo y
disfrutar de la escritura

Keren Verna

Te reto a escribir. Ejercicios para superar el bloqueo creativo y disfrutar de la escritura

Copyright © Keren Verna, 2017

Publicado por Keren Verna
keren.verna@gmail.com

Imagen de portada: Unsplash
Diseño de portada: Keren Verna
Fuentes de títulos: *Pacífico* de Vernon Adams
Diseño de ícono de portadilla: Freepik

ISBN-13: 978-1974681280
ISBN-10: 1974681289

Primera edición

A quienes crean mundos imaginarios
y nos permiten comprender
que siempre hay otra realidad posible

Introducción

El trabajo es la forma
más segura de inspiración.
Rodin

Daniel Dafoe escribió su primera novela a los 59 años. Raymond Chandler comenzó a escribir a los 44 años luego de perder su trabajo. Un problema económico, a raíz de perder su entrada de dinero, llevó a Isak Dinese a escribir a los 46 años. Por lo tanto, no hay edad para comenzar. Como se dice, el mejor momento es ahora.

El objetivo de este libro es ofrecer desafíos y retos de escritura para desarrollar la creatividad y vencer el bloqueo creativo. La obra está organizada en varias secciones: en la primera, me abocaré a los momentos previos a la escritura, a la búsqueda de materiales y de un espacio apropiado; en la segunda sección, abordaré distintos desafíos, una serie de retos ordenados según ciertos aspectos para planificar el tiempo de escritura y establecer objetivos alcanzables a corto plazo. Por último, se listarán los retos, los objetivos de cada uno junto a información de ayuda, ejemplos, *tips* de escritura y obras recomendadas para inspirarse.

Escribir con la guía de una consigna es una manera de fomentar la creatividad. Raymond Queneau se proponía retos complicados para escribir según ciertas normas, George Perec escribió una novela sin la letra "e". Ellos se atrevieron a desafiar las normas, sin abandonar el sentido del humor. Así nació el Colegio de Patafísica.

Los retos que te proponemos se pueden realizar en esos momentos breves: sentados en un café mientras llega un amigo, mientras aguardas en una oficina. Además, pueden ser diarios o semanales. No es obligatorio seguir el orden propuesto en el libro.

Cierta información introductoria de cada reto, para aquellos que dominan la escritura, quizás pueda resultar básica o conocida. Este libro está dedicado a aquellos que comienzan con el oficio de la escritura o para quienes buscan actividades creativas ante un bloqueo, así como para generar temas o ideas para novelas, cuentos u otros textos.

No es mi intención ahondar en un ensayo sobre las causas psicológicas del bloqueo creativo, sino compartir unos retos de escritura que me he puesto desde hace varios años y que me ayudan a escribir.

9

En mi caso, las causas del bloqueo han sido mi inseguridad y mi falta de experiencia. Dudaba si planificar la novela con detalle o lanzarme a escribir sin planificar.

Mis conceptos de ser escritor se fundaban en los prejuicios: un escritor escribe de noche, vive en estado melancólico, usa solo palabras "cultas", como "albo", "furibundo", "perorata". Todos estos aspectos me llevaron a adoptar una pose de escritor antes que ponerme a escribir. Luego, supe que es un oficio cuyo aprendizaje requiere de un proceso largo, igual que cualquier dominio de una profesión. Además, si consideramos que el aprendizaje nunca acaba, nos dispondremos a superarnos de forma permanente, actitud que formará parte del mismo proceso creativo.

Entonces, la primera tarea será escribir para aprender, para soltarnos, para adquirir un hábito y hasta una actitud de vida. Aparecerán, en esos primeros textos, la escritura del Escritor que escribe como Quevedo y Góngora; el Escritor que usa todas las palabras del diccionario, incluso las que no se emplean en el habla cotidiana, por ejemplo, "albo" por "blanco".

El Escritor se formó durante mis años de escuela. En las clases, se enseñaba sobre autores de otros contextos históricos y sociales, sin llegar nunca a lo contemporáneo. Mis primeros escritos eran, como los llamo con cariño, *queveditos*. Luego, fui acercándome a formas menos recargadas, hasta llegar a escribir de una manera más "simple" y cotidiana. Digo "simple", aunque no lo es.

También me bloqueaba no saber sobre qué escribir. Relacionado con lo anterior, aparecían diversos temas: la muerte, la noche, la lluvia, la luna, la melancolía. Todos eran temas "literarios". Hoy día tengo un listado de muchas historias pendientes y son las que llegan cuando camino por la calle, cuando lavo los platos, cuando leo. Los temas son múltiples y aparecen como una frase o una imagen. Sobre algo que he visto, que me llamó la atención, puede surgir una primera idea y hasta una novela. Ya no se trata de la muerte, de los moribundos, de los amorosos, esos temas que pensaba que debían contenerse en un poema o en toda historia. A medida que me aproximaba a mi estilo, también surgieron nuevos temas: roles impuestos, modelos sociales, encierros, sociedad de control.

A veces, como mencioné, aparece una imagen como germen de una historia: un joven en un búnker junto a una planta o la discusión entre dos personas. También, puede llegar como una intuición de algo que sería lindo contar: una novela sobre un amor platónico, una novela sobre una mujer que se queda ciega. Es beneficioso registrar todo lo que se nos ocurre. No importa si queda ahí, en esa lista borrador, en una libreta. Esa práctica nos permitirá tener acceso a imágenes, escenas, que incluso podemos incorporar a otra historia. Esta actitud de registro permanente nos predispone a estar alertas a lo interesante. Por ejemplo, hace unos meses, leí sobre los *oled, leds* orgánicos, que podrían permitir llevar pantallas adheridas en la ropa. Lo guardé en mi lista de datos para ser usados. Por lo tanto, leer nos mantiene atentos a esas ideas que llegan de improviso.

Otro de los supuestos erróneos, que fomentaba mi imagen de Escritor, consistía en creer que el escrito era producto de la inspiración y que no se corregía ya que se adulteraba la espontaneidad. Me costaba horrores tachar porque era como tacharme a mí misma. Luego de participar en talleres de escritura, observé que corregir produce mejores textos. Ahora, reviso un escrito en varias oleadas, en más de diez sesiones de correcciones completas. Es lógico que uno se bloquee si siente que eso que escribe sale de una vez para la eternidad. Es un peso demasiado alto, es como un adoquín sobre la cabeza. Hay que visualizarse como un bailarín clásico: ensayos, mucha práctica, movimientos para entrar en calor. Pretender que uno escribe una novela en el primer intento es como querer bailar *El lago de los cisnes* sin haber practicado jamás baile clásico. Ahora sé que escribir hojas y hojas de ejercicios, escritura libre, es también escribir una novela, forma parte del entrenamiento, otro estilo de mantenerse en forma. En definitiva, nadie escribe una novela en el primer intento por más genio que sea.

Mi bloqueo era causado por todo lo enumerado, pero había otra cuestión que me continuaba paralizando: el miedo al ridículo. Tuve que pensarme mucho, adentrarme en mis sentimientos, para descubrir mi miedo a cometer un error, a escribir un cliché, a poner mal una coma, incluso, a ser atacada por este tema. Aún me sucede y es lo que más me bloquea, pero intento que no me impida continuar.

A veces, tenemos un maestro tirano que nos señala todos los errores; tardamos mucho en escribir una oración porque la pensamos mil veces, miramos la hoja en blanco, vamos a escribir, retrocedemos, aparece la maestra que nos dice que esa palabra está mal escrita, dudamos de la palabra y pasamos a dudar de nuestro talento; luego, dudamos también de nuestra valía. Hay que romper esa cadena por un eslabón. Contra la hoja en blanco: la palabra. Y aquí podemos hablar de otra cuestión: el disfrute. Muchas veces he leído que alguien se premia si ha escrito una carilla, se regala algo, se felicita, tiene que encerrarse bajo llave, no se levanta de la silla ni para ir al baño. Más que escenas de una actividad de disfrute, me imaginaba un sótano de tortura inquisitorial o un perro que es adiestrado para repetir una conducta mediante un premio y un castigo: "Muy bien, Chicho, me diste la pata, acá va tu galleta". Si escribir implica esas torturas y castigos, ¿para qué queremos escribir? ¿Estamos seguros que es lo que deseamos o es lo que los demás ansían de nosotros? ¿No será producto de la imagen del Escritor? Lamento decir que el Escritor no existe. Existen los escritores particulares, aquellos que pasan horas y horas con las palabras, que tachan y se equivocan, que corrigen mucho, que tienen miedo. Escribir no tiene nada de sublime ni de sacro. No somos dioses que recibimos la voz de una deidad, no somos profetas. Somos trabajadores. Escribir es un oficio. Como tal, requerimos aprenderlo, como toda actividad humana.

Mis primeros ejercicios creativos fueron los surrealistas al estilo de cortar varias palabras, mezclarlas y ordenarlas al azar. Escribía por horas, entusiasmada porque me divertía. Aún guardo algunas oraciones que armé con esta técnica en el año 2005 y que compilé bajo el nombre de *La culpa la tiene Tzara*. Tal fue mi entusiasmo, que coleccioné ejercicios, inventé otros. Muchos de ellos me brindaron materia prima para escritos posteriores y evitaron que me bloqueara.

No puedo asegurar que tu bloqueo tenga las mismas causas que las mías, pero he escuchado, muchas veces, sobre el temor a no "valer" o no "estar a la altura". Pero ¿cuándo dejamos de disfrutar y de sentirnos libres al escribir? Escribir es un acto creativo de probar cosas nuevas, intentar, mezclar, jugar. Lo que escribimos tiene valor, forma parte de nuestra creatividad. Lo que escribimos es importante. Eso no quiere decir que no se deban corregir los errores.

¿Cómo saber si lo escrito vale la pena? ¿Cómo saber si lo que escribí es "bueno"? El oficio permite evaluarlo. Ya lo dijo Rilke que no es conveniente preguntar si lo que escribimos vale o no. Y menos si nosotros valemos o no. ¿Cómo un ser humano puede juzgar nuestro valor como si fuésemos un objeto?

Comparto el párrafo que me ha ayudado a desarrollar la confianza. Además, recomiendo la lectura del texto completo para esos momentos de bajón y cuando estamos a un pasito de tirar la toalla.

Pregunta usted si sus versos son buenos. Me lo pregunta a mí. Ya se lo ha planteado a otros. Los envía a las revistas. Los compara con otras poesías y se inquieta cuando ciertos editores rechazan sus intentos literarios.

En lo sucesivo, ya que me permite aconsejarle, le ruego que abandone todo eso. Usted mira hacia afuera y es, precisamente, lo que no debe hacer de ahora en más. Nadie puede aconsejarle ni ayudarle. Nadie. Solo hay un recurso: vuelva sobre sí mismo. Indague cuál es la causa que lo mueve a escribir; examine si ella expande sus raíces en lo más profundo de su corazón. Confiésese a usted mismo si morirá, en el supuesto caso de que le fuera vedado escribir. Ante todo, pregúntese en la más silente hora de la noche: "¿Debo escribir?". Hurgue dentro de sí en procura de una profunda respuesta y, si esta resulta afirmativa, si puede afrontar tan serio interrogante con un fuerte y simple "debo", entonces construya una vida según esta necesidad. Su vida, hasta en los más vacíos e insignificantes momentos debe convertirse en señal y testimonio de este impulso. Después, acérquese a la naturaleza. Entonces, procure expresar, como si fuera el primer hombre, aquello que ve y experimenta, aquello que ama y pierde. (R. Rilke, 2004)

Antes de comenzar con los retos, te pido que registres unas respuestas. Recuerda que nadie leerá tus borradores. Sincérate. Si te mientes en la causa, lo que hagas para superarte no tendrá sentido. Guarda estas hojas. Serán retomadas cuando llegues al final del libro.

¿Por qué me bloqueo? ¿Por qué no escribo?

La previa

PRIMER PASO: APASIONARSE

Compra un cuaderno. Decora la tapa con imágenes, dibuja cuadrados o pega hojas secas. Será tu espacio para realizar estos ejercicios. Pégale papeles de colores que te gusten, coloréalos con crayones, decora con fotos de paisajes que quisieras visitar. Este cuaderno no lo leerá nadie, por lo tanto, podrás escribir sin temor. Es un cuaderno para escribir por placer. Nunca lo taches. Si vas a usar un texto, transcríbelo en otro lado. Este cuaderno no tiene palabras bien o mal escritas, no tiene palabras de más, no tiene malas palabras. Los textos no son mediocres, ni buenos, ni malos porque son producto de tu subjetividad, es la materia prima con la que trabajan los artistas y es un espacio de tu creatividad salvaje.

Dispone de un tiempo para seleccionar el cuaderno, para entusiasmarte, para planificar tu momento de escribir.

SEGUNDO PASO: RINCÓN DE ESCRITURA

La razón por la que no podía escribir era
porque no tenía una oficina. Mi oficina es mi nido
y mi templo, sin ella soy un sin hogar.
Ernest Hebert

Arma un rincón de escritura. No es necesario disponer de un cuarto, sino que alcanza con un sillón en un pasillo, un pedacito de la mesa, una tabla con caballetes improvisada en el costado del living, una alfombra a los pies de la cama. Agrega una maceta, unas fotos, velas, sahumerios, un mantel, objetos que te gusten. Ese lugar será el refugio donde escribirás. También puedes usar la mesa de un café en el centro de tu ciudad durante esa media hora libre entre una actividad y otra. Algunos disponen de más tiempo o espacio. Lo importante es que encuentres el tuyo, por breve que sea.

Algunos escritores se encerraban en un cuarto apartado; otros, en un bar, como Cortázar. Escribir debe ser una tarea cotidiana, un hábito.

No solo el espacio donde escribimos es importante, lo es también el tiempo. Kafka escribía durante la noche porque durante el día era funcionario público en una oficina. En cambio, Wallace Stevens escribía de mañana, muy temprano, antes de dirigirse a su trabajo en una compañía de seguros.

Cada uno dispone de un momento en que esa fuente creativa fluye mejor. Dependerá de las tareas que realicemos en una jornada, el tipo trabajo o la predisposición. Piensa en qué momento podrías dedicarte a escribir. Compara la producción en varios horarios. Entonces, el rincón de escritura será un espacio y un tiempo en el cual concentrarás esas energías para liberar tu creatividad. Puedes llevar un registro durante una semana y escoger aquel horario más productivo. No te olvides de tus manías. Se dice que el poeta Friedrich Schiller, para poder escribir, se encerraba junto a manzanas podridas, bebía y fumaba.

Sobre los hábitos de Marcel Proust, nos cuenta Céleste Albaret:

> Me impresionaba el misterio de aquel piso y de aquel hombre metido en su cama, rodeado de humo y de silencio, y aquella habitación que parecía todavía más grande, porque todo estaba en ella a gran altura: las ventanas, las largas cortinas azules, cerradas para impedir la entrada de la luz del mediodía, el techo, altísimo, y la araña apagada, suspendida en medio de aquella nube de humo.
>
> Sólo unos momentos más tarde, sentada de nuevo en mi silla de la cocina, recuperé, con la imagen de los muros de la habitación, la impresión más fuerte de todas: había sido como entrar en un enorme tapón de corcho, a causa de las láminas de corcho, fijadas con listones de madera, que recubrían las paredes, para impedir que entrara ningún ruido.
>
> En el resto de la casa el día no entraba jamás, las cortinas permanecían siempre herméticamente cerradas. La habitación de corcho estaba aislada por los postigos cerrados, y las grandes cortinas azules, forradas y gruesas, también cerradas; y entre los postigos y las cortinas había

un cristal doble contra el ruido. Ni siquiera se oían los tranvías que circulaban por el boulevard. Vivíamos a la luz de la electricidad o en una noche perpetua (C. Albaret, 2004).

Ernest Hemingway escribía por la mañana, a mano, hasta de pie. Esta última fue una costumbre que compartía con otros escritores. Para trabajar sin ser molestado, se mudó a Cuba, a una propiedad llamada Finca Vigía:

> Es un buen lugar para trabajar porque está fuera de la ciudad y enclavado en una colina... Me levanto temprano cuando sale el sol y me pongo a trabajar y cuando termino me voy a nadar y tomo un trago y leo los periódicos de Nueva York y Miami. (N. Fuentes, 1984)

Crear tu espacio es una manera de comprometerte con la escritura. Si lo dejas para otra vez caerás en las excusas de "no tengo tiempo", "no tengo talento", "nadie cree que yo valgo", "no tengo lugar", "hay ruido".

PASO TERCERO: IDENTIFICA A TU TIRANO

Producto de nuestro aprendizaje, llevamos un tirano en nuestro interior que señala nuestros errores. Lo necesitamos para formar nuestros juicios, para movernos socialmente. Es quien construye los prejuicios, esos juicios sobre el mundo. Así, si vamos a una entrevista de trabajo, nuestro tirano nos dirá que ir en chanclas no es correcto, que lo esperable es ir con zapatos de vestir y las chanclas las dejemos para andar por casa un día feriado. No debemos confundir estos prejuicios con racismo.

A veces, este tirano nos asfixia. Cuando escribimos, yo lo percibo a mi lado, lee lo que escribo. "Mirá que vas a escribir chancla", "te falta escribir de una manera más formal". Sentarse con un tirano al lado frita a cualquiera. "Mirá escribir *fritar* ahora mismo, ni que fuese un libro de cocina". Incluso, el tirano nos puede cohibir hasta bloquearnos: nos ha doblegado. En la escuela lo he visto ante las hojas en blanco de mis alumnos en mi época de maestra.

Tienen miedo a escribir porque "lo hago mal", "yo hago todo mal", "no sé, no me sale", "hago cualquiera". Tal es el bloqueo, que incluso, tardaban meses en escribir una hoja.

En nuestra escritura, pienso en una novela, hay varios momentos. En las primeras etapas de planificación y redacción del manuscrito es oportuno dejar al tirano lejos. Luego, hay que llamarlo para que vuelva y nos brinde sus opiniones, nos corrija, pero tampoco dejar que nos domine por completo.

Una vez que descubrí que mi bloqueo era producido por estar abrazada a mi tirano, aprendí a separarme de él. Pero él es peligroso, se alimenta de mí y crece a niveles descomunales. A medida que él se agranda, mi autoestima se encoge como un microbio.

Antes de comenzar, sería oportuno que pienses en tu tirano. Cuando comiences los retos, no habrá espacio para ninguna tiranía. Juega y disfruta del placer de escribir.

PASO CUARTO: MIS ELEMENTOS MÁGICOS

En mi mesa de trabajo coloco elementos que por sus colores me inspiran: gatos de madera negros y blancos, latas turquesas, cuadros violetas, mandalas multicolores, cuadernos con diseños extravagantes. Busca esos objetos que te gustan: la lapicera que te regaló tu abuelo, una foto de tu mascota, tazas con diseños florales, cartas de tarot, piedras brillantes. Cuentan que Olga Orozco, poeta argentina, escribía en tanto sujetaba piedras. ¿Cuáles son tus objetos predilectos?

Retos y desafíos

Algunos retos se pueden realizar en pocos minutos; otros, en varias horas. Además, han sido clasificados según la actividad principal que demandan:

-Relato corto
-Descripción
-Personaje
-Fragmento
-Lírico
-Reescritura
-Diálogo
-Ensayo
-Plástica
-Carta

No es obligatorio seguir un orden, pero para completar algunos retos será necesario terminar algún reto previo. Estos retos pueden realizarle por separado o agruparse en desafíos. Un desafío consiste en completar varios retos según una consigna.
A continuación, unos ejemplos de desafíos:

-Temático. Completar todos los retos del mismo tipo: cartas, líricos, etc.
-Nocturno. Escribir un desafío cada noche.
-Semanal. Completar una serie de desafíos un día en la semana.
-Surrealista. Completar los retos que incluyen elecciones al azar.
-De amor. Incluir la temática amorosa en cada reto que se realiza.

¿Se te ocurren otros? ¿Te animas a registrarlos en tu cuaderno?

Retos

Keo Keo

Tipo de reto: fragmento

Virginia Wolf comienza su novela *Las olas* con una enumeración de aquello que observan y escuchan unos amigos:

-Veo un aro que pende sobre mí. El aro vibra y pende de un lazo de luz.
-Veo una tajada de pálido amarillo que crece y se aleja al encuentro de la raya púrpura.
-Oigo un patear. Hay un gran animal con una pata encadenada. Patea, patea, patea.

Como escritores, uno de nuestros talentos será observar el mundo mediante la ruptura de estereotipos. El lector desea leer un contenido diferente a lo que ya sabe y conoce. Entonces, buscaremos lo original para adentrarnos en el mundo como si lo viéramos por primera vez.

En este reto ejercitarás los sentidos, observarás en búsqueda de aportar un acercamiento original. Saldrás al parque, al jardín o recorrerás tu casa, el barrio. Puedes registrar en un cuaderno o, en caso de caminar por un parque, grabar. El objetivo de este ejercicio es observar nuestro entorno con sorpresa y despojo.

Comparto algunos de mis registros en la caminata desde mi casa hasta la parada del ómnibus:

-Veo un montón de hojas negras en un abrazo infinito hacia su fugacidad.
-Veo globos amarillos colgados del limonero soportando el peso de su barriga líquida.
-Veo un árbol podado que suplica con sus muñones hacia el cielo oscuro.

-Huelo una tierra cubierta por charcos mohosos.
-Escucho la bomba incendiada de un auto que empuja el viento.
-Escucho los pasos de alguien que camina bajo la lluvia.

TE RETO A
Recorrer un espacio y registrar lo que observas completando la oración: "Veo..."

SALVAVIDAS
-Observa tanto lo grande como lo minúsculo.
-No te detengas. Registra con rapidez y sin censurarte.

El péndulo gravitatorio intergradual

Tipo de reto: ensayo

¿Qué es un "péndulo gravitatorio intergradual"? Es un péndulo que soporta la ley gravitacional de manera gradual posibilitando la entrada de una masa interespacial entre ondulación y ondulación. De esta manera, soporta sobre su peso una masa equivalente al doble ni bien transita su punto máximo de altura. Recíprocamente, este modelo pendular retrotrae su masa a la mitad al transitar por su recorrido más bajo.

Entonces, ¿el "péndulo gravitatorio intergradual" es verdad, existe, es un modelo o qué es? En realidad, es una suma de palabras que suenan bonitas, pero son puro invento, una nadería que se me ocurrió al leer sobre el escrito enviado por David Sokal, profesor de la Universidad de Londres y de Nueva York, a una revista científica de prestigio. Sokal quería demostrar al mundo, sobre todo al de los académicos, que uno puede escribir cualquier disparate, pero siempre con palabras consideradas "científicas", con citas hasta ridículas de algún autor inventado y a quien dotamos de prestigio, alguien que trabaja para una universidad o es un académico reconocido. Y este disparate puede ser publicado en una revista científica, siempre y cuando sea escrito por alguien a quien consideran prestigioso. Con esta intensión, él envió un artículo que fue publicado por la revista *Social Text*. Días después, descubrió la farsa y aprovechó la ocasión para criticar al movimiento posmoderno en las ciencias, así como a la escritura "florida" y al uso de ciertos conceptos de Lacan, por ejemplo.

Si uno bucea en varios escritos científicos, puede leer cosas como: "Autorismo reactivo homeostático". ¿Qué es el "autorismo"? Puedo adivinar: es un autor o un sujeto con autoridad, o las dos cosas. Luego, "reactivo" podría aludir a un sujeto que reacciona con otro porque vivimos insertors en tramas de relaciones sociales; y "homeostático", una relación social que tiende a un equilibrio de tal manera que se instaura una autoridad balanceada entre los sujetos. Distinta sería mi interpretación del texto si en lugar de ser escrito por un científico social hubiera sido escrito por un físico porque, quizás, me llevaría a pensar en una reacción de fuerzas que tienden a equilibrarse. Pero, sigo citando al autor: "Respecto al autorismo, podemos decir que impulsamos en los agentes el actorismo. Sería como contrarrestarlo pensando en los actores". Luego agrega: "El mapa y constelación de actores". ¿Los actores forman constelaciones? ¿El autor habla de astronomía?

Volviendo a Sokal, él relacionó diversos aspectos sociales con cuestiones matemáticas y físicas: la gravedad cuántica, la lingüística y la teoría feminista. Su artículo estaba tan "bien" escrito que se lo creyeron. En conclusión, si está bien escrito, es creíble, por más que diga cualquier cosa. Al fin, parece que la ciencia no deja de ser, en parte, una ficción.

> Teniendo en cuenta el más reciente desarrollo de la gravedad cuántica, una nueva especialidad de la física en la que la relatividad general de Einstein y la mecánica cuántica de Heisenberg se sintetizan y superan al mismo tiempo. En la gravedad cuántica, tal y como ve remos más adelante, la variedad del espacio-tiempo desaparece como realidad física objetiva, la geometría se vuelve relacional y contextual, y las categorías conceptuales fundamentales de la ciencia anterior, como la existencia misma, se problematizan y relativizan. En mi opinión, esta revolución conceptual tiene profundas implicaciones para el contenido de una futura ciencia posmoderna y liberadora (A. Sokal y J. Bricmont, 1999).

Inventar un pequeño artículo "científico" que contenga tantos disparates como puedas escribir.

SALVAVIDAS
Explica el "autorismo sinérgico homologable".

Obejas y avejorros

Tipo de reto: lista

A veces, los escritores inventan nuevas palabras, como en el poema de Oliverio Girondo: "golosidalobe", "enlucielabisma", "lubella".

Distinto es el caso de aquellos que inventan palabras porque no se acuerdan cómo escribirlas. Años corrigiendo exámenes y textos me han servido para coleccionar algunas nuevas palabras. Lo más difícil es entenderlas. Por esto, suelo completar un diccionario de palabras "inventadas".

-*Masomenos*: conglomerados de indecisos.
-*Obejas*: abeja con lana u oveja con alas.
-*Avejorros*: tipo de ave que canta de morros.
-*Ashá*: lugar que queda un poco más cerca que "allá" y más lejos que "halla".
-*Carracol*: variedad de caracol de la costa sur de Francia, casi extinto debido a la costumbre de cocinarlos a las hierbas.
-*Aserca*: la alberca que me queda cerca.
-*Circunbalar*: circunloquio de las *obejas*.
-*Testígulos*: propensión que tiene ciertos testigos a comer opíparamente.
-*Cerrebeló*: rebelión del cerebelo.
-*Ecepción*: decepción menor.

TE RETO A
Inventar un diccionario de palabras disparatadas.

SALVAVIDAS
Revisa tu escritura y anota aquellas palabras que has alterado por un error al escribir en la computadora.

Man Man

Tipo de reto: personaje

Siguen de moda los superhéroes. Las películas sobre ellos son éxitos de taquilla. Los hay para todos los gustos. Incluso, algunas historias cruzan personajes de distintos universos. Superman se alía o se pelea con Spiderman, por ejemplo. Además hay quienes desarrollan discusiones en foros sobre los poderes y talentos de cada uno o los pormenores de sus tragedias.

Recuerdo una discusión entre los personajes de la famosa serie de *The Big Bang Theory* cuando discuten sobre estas cuestiones:

> Sheldon: Batman es un hombre que se viste como murciélago. Man-bat es parte hombre, parte híbrido de murciélago. Ahora, si Man-Bat se vistiera como hombre para luchar contra el crimen. ¿Sería "Man-Batman"?
>
> Leonard: No, sería "Bat-Man-Bat".
>
> Rajesh: Pero ¿"Man-Batman" no sería, simplemente, "Batman" mordido por un hombre radiactivo?
>
> Wolowitz: Pero Batman es un hombre. Estás hablando de un hombre que tendría los poderes de un hombre. Eso sería "Man-Man".
>
> Sheldon: Bueno, ¿Man-Man no sería simplemente "Man"?
>
> Leonard: Pero ¿qué pasaría si Man-Man se vistiera como murciélago?
>
> Rajesh: Sería "Batman".
>
> Leonard: No, si un hombre se viste como murciélago es "Batman", pero si un Man-Man se viste como murciélago es "Batman-Man".

Sobre poderes hay una gran diversidad desde contagio de alguna característica por haber sido picado por un animal hasta dones entregados por una deidad o productos de un trauma o accidente. Todo héroe lucha contra un villano para alcanzar algún objetivo: lograr la paz, asegurar la justicia, etc.

TE RETO A
Inventar un superhéroe.

SALVAVIDAS
-No te olvides del nombre del superhéroe relativo al poder, de describir la ropa, su método de ocultamiento.
-¿Te animas a dibujarlo?

Ojo con los osos

Tipo de reto: lírico

El título y la idea fueron tomados de una canción compuesta por León Gieco en el año 1997 y que solo posee palabras con la vocal "o": *Los Orozcos*. ¿La conocían? ¿Se les hubiera ocurrido escribir una canción con palabras que contuvieran solo una vocal?

A pesar de estar escrita con palabras que parecen elegidas al azar, la canción nos ofrece un mensaje. León Gieco dijo en una entrevista publicada en el diario La Nación: "Me costó como ocho meses terminarlo. Llegué a una obsesión tremenda buscando palabras con O y tratando de armar una historia" (D. Amiano, 1997).

A continuación, a manera de ejemplo, transcribo unas estrofas de *Los Orozcos*:

> Nosotros no somos como los Orozco,
> yo los conozco, son ocho los monos:
> Pocho, Toto, Cholo, Tom,
> Moncho, Rodolfo, Otto, Pololo.
> Yo pongo los votos sólo por Rodolfo,
> los otros son locos, yo los conozco, no los soporto.

Stop. Stop.
Pocho Orozco:
Odontólogo ortodoxo, doctor
Como Borocotó
Oncólogo jodón Morocho tordo
Groncho jocoso
Trosko
Chocó con los montos
Colocó Molotov. Bonzo.

TE RETO A
Escribir una canción con palabras que incluyan una sola vocal.

SALVAVIDAS
-Escribe una lista de palabras que incluyan solo la vocal elegida y luego acomódalas en una serie de versos.
-Como alternativa puedes escribir un texto corto.

Botiquín antizombies

Tipo de reto: lista

Ahora que se ha puesto de moda el apocalipsis zombis, completé un *test online* para descubrir cuánto tiempo viviría en caso de esta catástrofe. Resultado: "1 día". Bastante deprimente, pero acepto que mis habilidades no me servirán mucho para la supervivencia. Debería retomar una gimnasia física y tomar clases de arrojamiento de piedras.

Tony Baldó escribió un libro para informarnos en caso de que este suceso acontezca: *Sobrevivir al apocalipsis zombie*. Como lo primero es conocer al enemigo, el autor nos relata sobre los diversos tipos de zombis, las mejores armas para defenderse de cada uno, cómo levantar una base, los elementos más importantes.

¿Qué crees que es primordial llevar en un bolso cuando huyas al enterarte que se aproxima a tu casa una horda de zombis?

TE RETO A
Escribir una lista de elementos que llevarías en los primeros instantes en que te enteras que afuera ha comenzado un apocalipsis zombi. Explica tu elección.

Rap Rap

Tipo de reto: lírico

No, no hacen ciencia, no describen lo que viven,
solo calcan actitudes de alguien que quieren ser.
Nach

Ahora es momento del desahogo ante las injusticias sociales, ante esa situación en la cual has sido señalado sin merecerlo. Puedes elegir un tema o varios temas relacionados; incluso, saltar de uno a otro. Te aconsejo inspirarte en algunas canciones, como "Manifiesto" de Nach, escritor, sociólogo y poeta español.

Es importante no perder el ritmo y optar por cierta rima. Manda a volar a tu tirano interior y dejarte llevar. Explota en palabras. Puedes ser tan atroz como desees.

TE RETO A
Escribir un *rap* de protesta.

SALVAVIDAS
Escucha *raps* y copia la rima y la longitud de los versos para alcanzar el ritmo. ¿Te animas a cantarlo?

Eres hermosa

Tipo de reto: relato corto

¿No imaginas escenas cuando escuchas una canción? Por ejemplo, un joven enamorado puede recordar a una chica que le sonrió en un subte, como en la canción de James Blunt, *You are beautiful*. El joven podría intentar fotografiarla y, luego, preguntar a sus amigos si alguien conoce. a la mujer Quizás podrían reencontrarse con ella muchos años después.

Distinta es la propuesta del dúo Pimpinella que reproduce una pelea entre dos amantes:

> ¿Quién es?
> Soy yo.
> ¿Qué vienes a buscar?
> A ti.
> Ya es tarde.
> ¿Por qué?
> Porque ahora soy yo
> la que quiere estar sin ti.

TE RETO A
Escribir un relato corto inspirado en la lírica de una canción.

Comidas de brujos

Tipo de reto: relato corto

"Es una pasta terrorífica", pensé cuando leí "creepypasta". Creí que era una pasta muy creepy. Me la imaginé hasta como una comida de Halloween. Como soy curiosa, busqué información. Al final, "creepypasta" proviene de las palabras en inglés de "copy" y "paste", es decir, "copiar" y "pegar" de los procesadores de texto.

Creepypasta son aquellas historias muy citadas y compartidas. Los temas pertenecen al horror y a lo paranormal. Algunas pueden decantar en el acervo de las leyendas urbanas. Estas historias se difunden tanto en textos como en videos e imágenes. Recuerdo el mail que me llegó de casos de secuestros para comercializar riñones y que luego me dijeron que no eran verídicos.

Quizás este tipo de historias sean semejantes a las de aparecidos que contaban a los niños en otras épocas. Mi abuela solía disfrutar con los relatos sobre los muertos que rondaban la casa; mi tío prefería asustar con espectros nocturnos. Una tardecita, nos juntamos con mis primos y mi hermano a charlar sobre aparecidos. Estábamos tan entusiasmados que fuimos al cementerio en búsqueda de la tumba de un fantasma. Ahora, con los nuevos medios, esta forma de contar se comparte a nivel masivo, solo que al perderse el referente de quien lo inventa, terminan creyendo que es real.

El caso de Slenderman ilustra lo anterior. Este personaje nació en un foro como la imagen de un hombre sin cara, delgado, vestido de traje, que acecha a niños, los secuestra y los mata. En el foro se anexaron fotos, se agregaron datos, hasta convertir a este personaje ficcional en una entidad real. El impacto llevó a dos jóvenes a intentar asesinar a una compañera de clase en nombre de Slenderman.

TE RETO A
Escribir una historia *creepypasta*.

SALVAVIDAS
-Busca una historia *creepypasta*.
-Agrega algún detalle y amplíala.
-Retoma un personaje y dótalo de características nuevas.

Registro de un observador

Tipo de reto: lista

En la novela *El libro de la almohada* de Sei Shonagon aparecen una serie de objetos y hechos que rodean a quien narra, una escritora japonesa del siglo X, listados y explicados con detalle y desde una mirada muy particular.

> Susamajiki-mono (cosas desoladoras)
> Un perro que aúlla durante el día. Una cesta de pescar en plena primavera. Un vestido con capullos de ciruelo rojo en la tercera o la cuarta luna. Una alcoba de alumbramientos donde el recién nacido ha muerto. Un brasero frío, vacío. Un conductor que odie a sus bueyes. Un letrado cuya esposa alumbra una niña tras otra.

TE RETO A
Escribir tu propia lista de cosas desoladoras.

Salven a las ballenas

Tipo de reto: fragmento

En este reto vamos a escribir un texto para ser leído en voz alta ante un público imaginario.

Algunos oradores escriben sus propios discursos. Ciertos políticos memorizan o leen los discursos que otros escriben.

Diferente es aquel discurso que nos transmite pasión, que el orador parece poseído por una energía devoradora y habla de tal manera que nos emociona, que nos deja perplejos, alucinados, nos ha cambiado la forma en que veíamos algún tema.

Cuando pienso en discursos y oradores, imagino un político sobre un estrado en la época previa a las elecciones presidenciales: un cliché. ¿Ustedes piensan lo mismo? Pero hay muchas otras escenas donde alguien podría ofrecer un discurso: en la despedida de un amigo, ante una manifestación de protesta, en una clase, en el patíbulo. Para ilustrar este último caso, cito un fragmento del poema de Enrique Molina (1995):

> No quiero morir sin conocer a fondo una piedra una mano la rueda de hormigas y vino que mueve la noche la amistad de los pájaros en esas regiones baldías donde se muele la harina sin fin del calendario.

TE RETO A
Escribir el discurso de un personaje.

PARA INSPIRARSE
-*Tal como éramos* (1973) de Sydney Pollack .
-*Los idus de marzo* (2011) de George Clooney.

SALVAVIDAS
-Selecciona un tema.
-Piensa en una situación: una despedida, el acto de cierre de una fábrica de tubos de neones, una graduación, etc.
-Imagina el lugar. ¿Cuántas personas rodean al orador? ¿Están sentadas? ¿Dónde se ubica quien diserta? ¿En un púlpito de una iglesia, se sube a una estatua, en un escenario de un teatro? ¿Cómo está vestido? ¿Está nervioso? ¿Cómo habla?
-Escribe el discurso.
-Incorpora los gestos del orador y del público. Piensa que estará narrado desde quien habla, lo que dice y piensa, lo que observa desde donde se encuentra, intuye lo que siente el público por los gestos que él capta, por el silencio o por el murmullo.

Etnógrafos

Tipo de reto: descripción

Quizás recuerdas la película *Avatar* de James Cameron o la novela *El Hobbits* de Tolkien. Ambas tienen en común el hecho de recrear razas y mundos de fantasía, incluso, ya incorporados a nuestro acervo de mundos posibles. Para dar vida a la especie *na'vi* se creó una lengua propia conocida con el mismo nombre. Se trata de una lengua ficticia o artística ideada por un profesor de lingüística. También se han creado otras lenguas, por ejemplo, para la saga de George R. R. Martin, *Canción de hielo y fuego*.

En este reto no vamos a crear una lengua sino que inventaremos a sus hablantes y a su mundo. Pueden ser habitantes del pasado o del futuro, nuestros contemporáneos que habitan en un planeta lejano de otra galaxia. Inventaremos su forma de vestir, sus viviendas, sus ciudades y sus ritos. Puedes concentrarte solamente en un aspecto o en varios. Además, deberás bautizar sus ríos, montañas, aldeas o ciudades. Si te animas a dibujar, confecciona un pequeño mapa o croquis con sus principales elementos geográficos.

TE RETO A
Inventar y describir un grupo inexistente.

SALVAVIDAS
-El grupo puede ser humano o no humano. No te olvides del inventarles un nombre si pertenece a otra especie.
-Algunos aspectos a desarrollar: costumbres funerarias, ciclos de vida, rito de matrimonio, entorno geográfico, viviendas, biología, ecosistema, medios de transporte, tecnologías, historia, guerras, organización social, formas de economía, celebraciones.

Abrepapas

Tipo de reto: lista

Para escribir una novela, que aún dormita en borrador, investigué sobre inventos e inventores. La etapa de la documentación, para mí, es fundamental porque es cuando planifico, se me ocurren nuevas escenas. Además, me permite buscar información, aprender sobre camiones, radares, tanques de biogás, cine negro y tantos temas.

Para escribir sobre un inventor, debí inventar. Es una complicación y un desafío cuando el personaje es más inteligente que uno en algún aspecto. Entonces, me propuse el ejercicio de desarmar el nombre de objetos conocidos.

-"Pelapapas": pelar + papas
-"Abrelatas": abrir + latas
-"Cortahuevos": cortar + huevos
-"Borratinta": borrar + tinta
-"Escarbadientes": escarbar + dientes

Luego, mezclé una acción con un elemento para inventar un nuevo artilugio, por ejemplo: el *abrepapas* sirve para ahuecar las papas y poder rellenarlas con queso. Después, busqué acciones al azar: dar, enrollar, despedir, separar; también objetos: pestaña, lágrima, falda, cuaderno, clavos. Al final uní cada acción con cada objeto. Algunas combinaciones me parecieron interesantes: enrollar falda. Por último, describí mi nuevo artilugio, le asigné una utilidad y lo dibujé. En conclusión, el mundo capitalista de las mercancías ha engendrado un nuevo hijito: el *enrollafalda*, un cilindro con manivela que permite enroscar las faldas para guardarlas en el ropero.

TE RETO A
Inventar un nuevo artilugio.

Alteraciones

Tipo de reto: fragmento

Retoma lo escrito en el reto "Veo Veo" y transforma aquello que has registrado como "veo" en "escucho" o "huelo". Por ejemplo:

-Veo un montón de hojas negras en un abrazo infinito hacia su fugacidad.
-Escucho crujir un montón de hojas negras en su abrazo infinito hacia su fugacidad.

TE RETO A
Transformar lo visual en auditivo o gustativo.

Contramotivacionales

Tipo de reto: fragmento

Los *coach* motivacionales y el pensamiento *mémico* (de memes) están de moda. Pensaba que dentro de un tiempo esas frases serán clichés. Incluso, algunas ya son frases fáciles de captar por el sentido conocido que nos despiertan. No dejan de parecerse a los antiguos refranes.

Hace unos meses, leí un libro que me ayudó a comprender este fenómeno de la invasión de *coachs* motivaciones, *coachs* literarios, *coachs* de negocios. El comienzo del libro de *Sonríe o muere: las trampas del pensamiento positivo*, de Bárbara Ehrenreich, relata la experiencia de padecer cáncer y sentirse forzada a una falsa felicidad y esperanza, a rodearse de folletos optimistas con frases azucaradas. No se queda en esta anécdota, sino que profundiza sobre el origen de este aluvión de creencias al estilo de "si piensas en algo, se cumple". Así enlaza el movimiento actual del pensamiento positivo con la religión protestante.

No estoy en contra de sostener este tipo de ideas, de luchar por lo que deseas para tu vida, pero no debemos engañarnos con la "visualización" de una fantasía que se torna real con tan solo pensarla. Así planteado, parece un procedimiento de magia simpática o magia de contagio. En tanto imaginas que tu novela se vende en una librería, debes escribirla. Es decir, trabajar. Lamentablemente, no hay atajos.

Propongo buscar esas frases que pululan por las redes sociales, en folletos, que se cuelgan en fotos con amaneceres tras un mensaje "motivacional" y escribir frases en respuesta a ellas, las que he bautizado como *contramotivacionales*. A continuación dejo unos ejemplos; quizás, puedas utilizar estas mismas frases.

-¿Cómo serías si fueses la única persona del mundo? Si quieres ser realmente feliz, debes ser esa persona. (Quetin Crisp)
-Quien ríe solo es quien aprendió que para ser feliz los demás no importan. (Frase contramotivacional)

-Si tienes un pensamiento positivo, te vuelves positivo.
-Si pienso en la luz y la luz se enciende. ¿Me cobran los del servicio eléctrico también por esa luz? (Frase contramotivacional)

-Evite a las personas negativas.
-Dios los cría, y ellos se negativizan. (Frase contramotivacional)

-No dejes que las personas te hagan sentir culpable de seguir tus sueños.
-Eso mismo. Firma: Mengele. (Frase contramotivacional)

-No olvides que sueño sin acción es una ilusión.
-Sueño con acción es sonambulismo. (Frase contramotivacional)

TE RETO A
Escribir tres frases contramotivacionales.

La mujer del horóscopo

Tipo de reto: relato corto

¿No ha deseado, alguna vez, que se realice el horóscopo? Por supuesto, cuando lo que dice es algo bonito. Pero ¿qué sucedería si se cumpliera lo anunciado en nuestro horóscopo y, a pesar de los esfuerzos de evitarlo, no podemos escapar de esta marca del destino?

TE RETO A
Buscar un horóscopo en el periódico y escribir sobre una persona a la que se le torna realidad.

La noche del zombie

Tipo de reto: fragmento

Un título forma parte de la obra y es tan importante como el texto propiamente dicho. Una buena novela con un título que contiene un cliché, podría resultar en una pérdida de lectores. Un título debe enganchar para atraer hacia la sinopsis, que a su vez invita a continuar hacia el interior del libro. Además, no debiera contar algo importante de la trama.

El título sugiere una lectura, pero es importante no adelantar una posible temática errónea. "La noche del zombie" podría funcionar para una novela de horror, incluso para una historia que utiliza a un "zombie" como metáfora de hombre contemporáneo; pero no funcionaría para un libro de recetas, salvo que sean para Halloween.

Si el fuerte de la historia es tu personaje, su nombre podría convertirse en el título. Algunos ejemplos: *Harry Potter*, *Patricia de G. Blanes*, *El señor Phillips* de John Lanchester. Si en cambio, el lugar es importante para la obra, el sitio donde transcurre podría resultar un buen título: *Cartagena* de Claudia Amengual, *Solaris* de Stanislaw Lem.

Otra forma de titular consiste en elegir un sustantivo al que se le adosa "de la", "del", "de los". Ejemplos: *Turismo de riesgo* de Korvec, *La mujer de la libreta roja* de Antoine Laurain, *La conspiración de los idiotas* de Aguinis Marcos.

Como última propuesta, algunos títulos unen dos aspectos mediante un conector "y": *Hambre y seda* de Herta Müller, *Rojo y negro* de Stendhal, *Sangre y arena* de Vicente Blasco Ibáñez.

TE RETO A
Escribir títulos alternativos a cinco novelas o cuentos que hayas leído.

SALVAVIDAS
-Señala cuál de los títulos te agrada y fundamenta.
-Responde cuál de todos te resulta más "vendible".

En mi mundo

Tipo de reto: fragmento

Algunos novelistas han escrito sobre sus viajes. Uno de las novelas más conocidas es *En el camino* de Jack Kerouac. Durante unos siete años, el autor viajó junto a sus amigos, entre ellos, Neil Cassidy, retratado en el personaje de Dean Moriarty. La novela la escribió en un papel continuo de más de treinta metros de largo.

Xavier Moret aprovechó su estadía en un lugar que le era desconocido para escribir sobre su experiencia en *La isla secreta: un recorrido por Islandia*.

Soy de los que opinan que viajar siempre vale la pena.
Por un lado, porque nos permite romper con la rutina y soltar
el molesto lastre que conlleva la vida cotidiana; por otro,

porque, al confrontarnos con otros paisajes y otras gentes, nos fuerza a la mirada interior y, por lo tanto, a conocernos mejor. De entre todos los viajes, mis preferidos son los que se asocian a los sueños de rastro enmarañado. Los prefiero porque tienden un puente que enlaza directamente con la imaginación infantil; es decir, con la imaginación en estado puro; y porque a menudo se relacionan con lecturas hechas muchos años atrás; probablemente con alguna novela que, ya en el momento de leerla, provocó en el lector ese escalofrío que contagian las grandes obras, ese estremecimiento que le hizo soñar que algún día viajaría a ese país lejano que le tentaba con su magia desde las páginas de un libro.

Todos hemos viajado en alguna oportunidad. Quizás a un rincón de nuestra ciudad o a otro país lejano. En este reto te propongo que recuerdes uno de esos viajes o que te animes a viajar y llevar una libreta para anotar tus impresiones.

TE RETO A
Escribir sobre un viaje.

SALVAVIDAS
-Escribe sobre el trayecto desde que sales de tu casa hasta que llegas a la puerta del cine o del centro comercial.
-Explora un solo aspecto: vestimenta de las personas, el clima y la naturaleza, el detalle de las construcciones.
-Concéntrate en lo minúsculo, en lo que pasa desapercibido para la mayoría.

Escape zombie

Tipo de reto: descripción

En otro reto, "Botiquín *antizombis*", hemos armado una mochila para escapar, ya que acabamos de enterarnos que la zona está plagada de caminantes. Pero ¿hacia dónde vamos? Una mala elección puede provocarnos la muerte. Con semejante presión, te reto a que te imagines cómo escaparás del lugar en el cual te encuentras ahora mismo.

TE RETO A
Describir el itinerario posible de escape hacia una zona segura.

Rojo picante

Tipo de reto: lista

Cada objeto nos ofrece una serie de datos preceptúales: textura, color, tamaño. A su vez, el color aporta más información. Un objeto rojo nos podrá parecer caliente, picante; el azul, frío, ácido. Toda descripción debe apelar a incorporar distintos sentidos. Estamos habituados a concentrarnos en lo visual. Este aspecto está relacionado con nuestra evolución. Los antepasados, anteriores a los primates, poseían un cerebro con un gran desarrollo de la zona olfativa porque dependían del olfato para vivir, era su sentido más importante. Millones de años después, gracias a la rotación de los ojos hacia la sección frontal de la cabeza, la posibilidad de caminar erguidos, nuestra visión se tornó estereoscópica, de manera que podemos observar en profundidad. Nuestro cerebro es un cerebro visual que creció envolviendo al antiguo cerebro olfativo, de tal manera que se ha "arrugado" para entrar en la cavidad craneana. Cuando olemos un perfume, de manera rápida, aparecen recuerdos. Esto se debe al tipo de conexión nerviosa directa entre las terminaciones olfativas y el cerebro.

Entonces, es posible aprovechar una multiplicidad de información para que el lector también "sienta" a medida que lee. Por ejemplo, un personaje transita un callejón repleto de bolsas de basura en una ciudad sumergida en la niebla. ¿Cuántos datos preceptúales registra nuestro protagonista? Y de todos ellos, ¿cuántos aportan elementos significativos a nuestra historia?

TE RETO A
Escribir tres colores, diez adjetivos para cada color y diez objetos que posean como cualidad al menos uno de estos colores.

Cartas a la carta

Tipo de reto: descripción

Cartas de amor perfumadas debajo de la almohada y enlazadas con listones, carta de despedida en el buzón de tu casa, carta anónima, carta de un amigo lejano que te habla de costumbres de países que no visitarás nunca.

Cuando era adolescente, me carteaba con personas de todo el mundo, ávida por viajar, por conocer costumbres exóticas.

> Sólo quiero hablar contigo, decírtelo todo por primera vez. Tendrías que conocer toda mi vida, que siempre fue la tuya aunque nunca lo supiste. Pero sólo tú conocerás mi secreto, cuando esté muerta y ya no tengas que darme una respuesta; cuando esto que ahora me sacude con escalofríos sea de verdad el final. En el caso de que siguiera viviendo, rompería esta carta y continuaría en silencio, igual que siempre. Si sostienes esta carta en tus manos, sabrás que una muerta te está explicando aquí su vida, una vida que fue siempre la tuya desde la primera hasta la última hora. (Stefan Zweig, *Carta de una desconocida*)

En la película *Her*, el protagonista escribe cartas a pedido. También recuerdo que en la película *El cartero de Neruda*, un hombre le solicita al poeta una carta de amor para la mujer que amaba. En el primer caso, podríamos considerar a esta actividad como un trabajo *freelance*, un texto a pedido. En otros sitios son conocidos como "escribientes". En Santo Domingo aún se los puede observar escribiendo en máquinas antiguas (H. Ríos Navarrete, 2014).

¿Alguna vez pensaste que sería de tu vida si fueras uno de estos escribientes?, ¿si te dedicaras a escribir cartas de amor?

PELÍCULA RECOMENDADA PARA INSPIRARSE
-El amor en los tiempos del cólera (2007) de Mark Newell.
-Her (2013) de Spike Jonze.

TE RETO A
Escribir una carta de amor.

SALVAVIDAS
-La persona seleccionada pueden ser famosas, alguien que te gusta, un personaje de un libro, un nombre de la guía telefónica.
-La carta puede ser escrita por un personaje a otro personaje.

Epitafios

Tipo de reto: fragmento

Ya sé que puede resultar morboso escribir epitafios a quien está vivo. No es algo que yo haría ni por venganza, pero quizás sea un puntapié para comenzar a escribir. La idea me llegó mientras leía *Violet y Finch* de Jennifer Niven. En una escena, Finch inventa epitafios a los compañeros y profesores de su escuela:

> De camino hacia casa de Violet, pienso en voz alta en los epitafios de gente que conocemos: Amanda Monk («Era tan superficial como el lecho seco del riachuelo que se bifurca del río Whitewater»), Roamer («Mi plan consistió siempre en ser el cabrón más grande posible, y lo fui»), el señor Black («En mi próxima vida, quiero descansar, evitar los niños y tener un buen sueldo»)".

Sin llegar al extremo de Finch, aunque puede ser una buena catarsis contra nuestro jefe tirano, podemos escribir el epitafio de algún ser querido que ya no esté con nosotros. Recorriendo el cementerio local, podrán leer muchos de ellos. Yo he escrito uno para mi madre: "Te amo, dondequiera que tu corazón habite".

TE RETO A
Escribir diez epitafios.

Orden alterado

Tipo de reto: relato corto

Muchas de las novelas actuales no estructuran su trama en un orden temporal. Ellas pueden comenzar con el final o un poco antes del desenlace. También, pueden avanzar mediante saltos, a manera de retazos, para que el lector arme la historia narrada por los silencios. Incluso, en algunas novelas, un suceso es contado por diversos personajes. Además, la trama puede ordenarse en una secuencia histórica o romper la línea temporal mechando escenas de distintas épocas, hasta acontecimientos de épocas paralelas.

En este reto proponemos romper la linealidad de una trama ordenada en una introducción que presenta a los personajes y al espacio principal, un nudo donde se focaliza el conflicto o crisis que concluye en el desenlace.

La novela de *Pedro Páramo* de Juan Rulfo es un ejemplo de la manera de contar una historia a través de fragmentos que no están ordenados temporalmente.

TE RETO A
Alterar el orden en la manera de contar una historia.

SALVAVIDAS
-Escribe tres oraciones de una posible historia. Cada una será un parte de la misma: inicio, nudo, desenlace.
-Agrega dos oraciones más a cada una de las tres oraciones.

-Numera cada oración. Altera el orden de las oraciones, por ejemplo, por azar mediante el uso de papelitos numerados que representan cada una de las oraciones.

-Reescribe lo anterior e incorpora palabras hasta obtener un texto coherente.

Preguntones

Tipo de reto: lista

Las preguntas que nos hacen los niños deben ser las más difíciles de responder. Los adultos, con su sistema de creencias ya internalizado, la manera de ver el mundo empaquetada y digerida, no se suelen preguntar porque creen que no saber es humillante y preguntar algo obvio es una vergüenza. Vamos al trabajo, conocemos los trámites para pagar los impuestos, cómo encender una lámpara. Ni nos preguntamos los motivos de realizar el trámite de esa manera, ni qué significan determinadas siglas en la boleta para pagar el impuesto. Y los niños nos interrogan, ponen en duda nuestra forma de comportarnos, de comprender. Incluso, pueden dejarnos sin respuesta, aunque los más pequeños creen que los adultos lo saben todo.

Según Piaget, entre los dos y seis años de edad comenzamos a utilizar el lenguaje y nuestro mundo de la imaginación se enriquece. Es en esta etapa cuando interrogamos por los sucesos y el entorno. El mundo imaginario se entrelaza con el mundo cotidiano y real. Los niños inventan palabras, juegan con el lenguaje, se imaginan situaciones tales como que el salero se transforma en un barco encallado en el plato de fideos, plato que es un mar revoltoso. Luego, aprendemos que el salero es salero y que jamás ha sido un barco, que solo sirve para dosificar la sal y que el plato de fideos es un plato de pastas y que "no hay que jugar con la comida".

¿Qué sucedió con ese niño que dejó de hacerse preguntas? Creció, aprendió, le llegó la adultez. Me gusta pensar que el arte proviene de un resabio de ese niño que observa al mundo de manera diferente. Cuando escribo poesía, mi entorno cobra otras dimensiones. Siento que nazco para mirar desde el despojo.

Indagar, no dejar la mente quieta, fomentar puntos de vistas alternativos, son maneras de mantener viva a la creatividad. En este reto te propongo que seas como ese amigo en la novela de Matthew Dicks, *Memorias de un amigo imaginario*, que salió a la calle por primera vez y se enfrentó con un mundo desconocido.

¿A qué hora encienden las farolas? ¿Cada farola tiene su interruptor? ¿Adónde han ido los trenecitos? ¿Por qué la gente no hace su propio dinero? ¿Quién decidió que rojo significaba parar y verde pasar? ¿Hay una sola luna? ¿Todas las bocinas de los coches suenan igual? ¿Cómo hace la policía para que no crezcan árboles en mitad de la calle?

TE RETO A
Confeccionar una lista con preguntas sobre sucesos, aspectos del mundo, como si nunca los hubieras visto.

Mochila del viajero del tiempo

Tipo de reto: carta

En la novela *El tiempo es el que es*, basada en una serie de televisión española, un grupo de empleados viaja de una época a otra para asegurar el orden de los acontecimientos históricos. No es fácil viajar de un siglo a otro, sobre todo por las formas distintas de comunicarse, la vestimenta, las costumbres. Lo que en un tiempo es un saludo, en otro tiempo podría ser una ofensa.

Te propongo que imagines que has sido elegido para unirte como empleado al Ministerio del Tiempo y debes partir a Cartagena de Indias, colonia española del siglo XVII. Se te permite llevar una serie de objetos secretos y que nadie deberá verlos porque podrías causar una crisis temporal.

Escribir los elementos que llevarás en un bolso pequeño y a fundamentar tu elección mediante una carta dirigida al Ministerio del Tiempo.

Esas malas palabras

Tipo de reto: diálogo

Stephen King, en su obra *Mientras escribo,* dice sobre las "malas palabras":

> La clave de escribir diálogos buenos, como en todos los aspectos de la narrativa, es la sinceridad. Si la practicas, si pones honradez en las palabras que salen de boca de tus personajes, descubrirás que te expones a bastantes críticas. En mi caso no transcurre una semana sin que reciba como mínimo una carta (suelen ser más) acusándome de malhablado, de intolerante, de homófobo, de sangriento, de frívolo, o directamente de psicópata (...). A la Legión de la Decencia no le gustará la palabra «cagar», y puede que a ti tampoco mucho, pero hay veces en que no hay otra salida. Nunca se ha visto a un niño que vaya corriendo a ver a su madre y le diga que su hermana pequeña acaba de «defecar» en la bañera.

Cuando comencé a escribir, me era muy difícil optar por las conocidas "malas palabras" ya que por entonces mi escritura era "elevada". Los personajes decían "voy a hacer mis necesidades". En parte, producto de años de reprimirme con eso de "no se dicen malas palabras" y, mucho menos, se deben escribir. Es lógico que existan diferentes situaciones. En una novela, se debieran escribir si son necesarias. Por ejemplo, cuando un personaje es "mal hablado".

Para un escritor, no existen las malas palabras. Todas las palabras son buenas porque todas significan. No hay que confundir con el desacierto al usar ciertas palabras en contextos equivocados. Si mi novela está ambientada en siglos pasados, quizás quiera reproducir una forma recargada de hablar apelando a palabras que ya en el habla cotidiana están en desuso, pero esas palabras en un ensayo brindarán un tono muy por las nubes, pondrán voz a un narrador falso y que finge ser un sabio aventado por un ego demasiado enorme. Es más, puede hasta sonar paródico y causar gracia.

Roberto Fontanarrosa, en el III Congreso de la Lengua Española que se celebró en Rosario, Argentina, en el año 2004, dijo al respecto:

> ¿Por qué son malas las malas palabras? ¿Quién las define, por qué? ¿Qué actitud tienen las malas palabras? ¿Les pegan a las otras palabras? ¿Son malas porque son de mala calidad, o sea, que cuando uno las pronuncia se deterioran y se dejan de usar? Tienen actitudes reñidas con la moral, obviamente. No sé quién las define como malas palabras. Tal vez al marginarlas las hemos derivado en palabras malas, ¿no es cierto?

Ahora, compara los siguientes diálogos, un poco exagerados para acentuar el contraste.

Diálogo 1

—Esto es una mierda. Me tenés inflada. Nunca en toda mi vida conocí a alguien tan hincha pelotas —dijo ella levantándose.

—Si te vas a ir, andate. Estoy podrido de tu jeta sucia. Siempre con lo mismo. "Mierda, mierda, mierda". No te olvides el "boludo" —dijo él y abrió la puerta para que ella se fuera.

Diálogo 2

—Nunca he conocido en mi vida a alguien tan molesto. Estoy terriblemente cansada —dijo ella y agregó unos cuantos improperios.

—Si tienes que irte, pues, vete. Estoy agotado de escuchar tantas malas palabras. Posees una boca muy sucia —dijo él y le abrió la puerta.

¿Qué diálogo es más ágil y tiene más "vida"?

El primer diálogo, de manera directa, reproduce el habla de dos argentinos. El lector casi puede escucharlos como si estuviera sentado allí. En el segundo, se nota al narrador mediando entre los personajes y el lector, como si el lector no pudiera escuchar y estuviera sentado en otra habitación. El narrador escucha que el personaje dice "mierda", pero le dice al lector, tras abrir la puerta: "Dijo un improperio", "dijo una mala palabra". Incluso, este narrador juzga lo que dicen los personajes, distanciándose de ellos. Quizás buscamos este efecto. Si es así, es correcto. Distinto es que nos sale así porque no nos dimos cuenta o por pudor de escribir determinada palabra.

Si un diálogo es un fragmento que expresa un discurso de manera directa, es la voz de los personajes estampada en el papel, lo peor es no dejarlos hablar, reformular sus voces hasta transcribirlas en una neutralidad artificiosa. Algunos lectores, en sus reseñas, expresan que los diálogos no les suenan creíbles. ¿Será por esta cuestión?

Otro error consiste en censurar las palabras de los personajes escribiendo palabras cortadas y completadas con asteriscos o con puntos suspensivos.

Además, las llamadas "malas palabras" no son las mismas en todos los lugares donde se habla una lengua. Respetar el habla permite al lector sumergirse en el contexto de los personajes. Entonces, si el personaje es "boca sucia", dejémosle hablar. Si habla con la corrección de un orador académico, que así lo haga. Hay que dotar a los personajes de una forma de ser.

Incluso, hay palabras que fueron prohibidas en ciertas épocas y lugares. Un profesor nos contó que durante la Dictadura Militar en Argentina habían quemado un libro por poseer en el título una palabra prohibida. El libro se llamaba algo así como "La cuba electrolítica". "Cuba" era la palabra prohibida. Lo quemaron porque pensaron que hablaba del país bajo un gobierno de carácter comunista. El libro quemado era de física. "Cuba" puede ser el país, pero también un recipiente.

TE RETO A
Escribir un diálogo que reproduzca dos estilos de hablar diferentes.

La pared del antes

Tipo de reto: lista

Violet y Finch, los personajes de la novela de Jennifer Niven, concurren a una fábrica abandonada. En una de sus paredes, la gente escribe qué quieren hacer antes de morir.

"Antes de morir...", se lee en lo que parece una pizarra gigante. Y debajo de las descomunales letras hay columnas y columnas, líneas y líneas, en las que se lee: "Antes de morir quiero...". Los espacios en blanco se han completado con escritos en tizas de distintos colores, con caligrafías distintas, emborronados y desdibujados por la nieve y la lluvia.

Caminamos y vamos leyendo: "Antes de morir quiero tener hijos. Vivir en Londres. Tener una jirafa como mascota. Lanzarme en paracaídas. Dividir entre cero. Tocar el piano. Hablar francés. Escribir un libro. Viajar a otro planeta. Ser mejor padre que el mío. Sentirme bien conmigo mismo. Ir a Nueva York. Conocer la igualdad. Vivir".

Todos deseamos poseer infinidad de objetos, acumular múltiples experiencias, planificamos, pero lo posponemos para el futuro, para cuando tengamos dinero, para cuando dispongamos de tiempo. Agregamos más y más deseos a esa larga lista. Pero ¿qué podríamos hacer hoy? ¿Escribir?

TE RETO A
Escribir una lista con todo aquello que desees hacer, conocer, conseguir, marcar aquello que puedas realizar esta semana e intentar cumplirlo.

Cinturones eléctricos

Tipo de reto: lista

Vivimos rodeados de frases que se repiten desde el televisor, en los anuncios callejeros, en afiches pegados dentro de un negocio, cuando leemos una revista, sobre nuestra ropa, sobre nuestra cartera. Estas palabras publicitarias son fáciles de recordar, se asocian con una marca, con el bienestar que nos produce beber algo, vestir determinado producto. Hasta se habla de propaganda subliminal, esa tan subrepticia que apunta directo a nuestro inconsciente.

Según Luis Bassat (1998), publicista español: "En Estados Unidos se estima que el promedio de exposiciones publicitarias a las que se enfrenta el consumidor puede llegar a las 2.000 diarias. En nuestro país no hay estudios tan precisos, pero se han calculado en más de un millar". Un verdadero bombardeo de palabras.

Escuchamos los eslóganes sobre todo en la televisión. No solo han sido usados por empresarios, sino que forman parte de propagandas políticas, panfletos, afiches para sensibilizar sobre un problema social. Son frases directas, efectistas, que apuntan a la emotividad, al recuerdo, a quedarse prendidas en la memoria. Pueden apelar al humor, a un juego con significados símiles, a una sorpresa. Y ahorran palabras porque cuanto más cortas, más fáciles de recordar. Además, usan un vocabulario que todos comprenden. Estas frases suelen incorporarse, con el tiempo, al sentido común; se transforman en un dicho que la gente repite, en un cliché.

La forma que debe asumir un mensaje publicitario se resumen en el acrónimo AIDA: atención, interés, deseo y acción. El último objetivo es la acción del cliente, llevarlo a comprar el producto o hacia el objetivo propuesto. Siempre se parte de un objetivo: que compren un producto, que tomen conciencia de un suceso, que se enlisten en el ejército, que se inscriban en una orden religiosa, etc. Apelan a otorgar un beneficio, una mejora en la calidad de vida, ¿Alguna publicidad te ha impulsado a comprar algo? ¿Cuál? ¿Por qué crees que lo ha logrado?

Piensa que escribir frases publicitarias es todo un oficio que se ejecuta desde hace muchos años y que se ha perfeccionado mediante la incorporación de los nuevos medios de comunicación, adaptándose a las nuevas tecnologías.

Los siguientes ejemplos los he tomado del libro *Publicidad* de Otto Kleppner:

-Pruébelos, y se convencerá. (Cinturones eléctricos curativos, año 1890)
-¡Porque a usted le gusta el color! (Alfombras)
-El zapato que se ajusta. (Zapatillas deportivas)

TE RETO A
Escribir eslóganes publicitarios para concienciar sobre la guerra, vender una nueva bebida y unirse al movimiento vegano.

SALVAVIDAS
-Piensa en las propagandas que aún recuerdas. Anota las frases que han pervivido en tu memoria por un tiempo. No importa si no lo recuerdas tal cual.
-Busca una revista o mira la televisión. Anota las frases más importantes en las publicidades y analiza sus ténicas: rima, juego de palabras, humor.

Sandías, aviones y perros

Tipo de reto: lista

Hace muchos años, en una clase de plástica expusimos obras abstractas a nuestros alumnos de primer grado, niños de 6 años de edad. Les pedimos que nos dijeran qué veían y nos respondieron que "manchas", "nada", "rojo". Algo similar a lo que escuché en una galería de arte decir a varios adultos ante una pintura abstracta: "puras manchas", "esto lo hago hasta yo".

Les insistimos a los niños, les pedimos que se acerquen y miren mejor; les solicitamos que cierren los ojos. A continuación, que los abrieran para mirar directo hacia una de las reproducciones. Poco a poco, comenzaron a aflorar otras ideas: "un avión", "un perro", "una sandía". Algunos, por imitación, también descubrieron aviones, perros y sandías. Luego, les pedimos que ampliaran aquello que observaban: "un avión que vuela bajito", "un avión prendido fuego". Para finalizar, les entregamos hojas para que dibujen al estilo de uno de los pintores. Registramos: "una rana saltando sobre una nube", "un dragón en el agua". Ya no eran manchas, ya no eran "aviones", era mucho más. ¿Por qué? Porque incentivamos la imaginación que todos poseemos.

TE RETO A
Registrar lo que observas al contemplar una obra pictórica abstracta.

PARA INSPIRARSE
-Joan Miró
-Wassily Kandinsky
-Robert Delaunay
-Chuta Kimura
-Paul Klee

Nota en una botella

Tipo de reto: fragmento

¿Quién no ha sentido curiosidad ante el misterio de una botella con un mensaje? Se han escrito y filmado películas sobre mensajes de auxilio, de amor, de desesperación.

George Parker, un biólogo marino, arrojó al mar unas mil botellas entre 1904 a 1906 como parte de un experimento para comprender las corrientes marinas. La mitad fueron recuperadas en los años siguientes. Unos cien años después, una mujer halló una de estas botellas arrojada al mar en noviembre de 1906, convirtiéndose en el mensaje más antiguo recuperado hasta el momento.

La mujer expresó: "Siempre es una alegría encontrarse un mensaje en una botella. Uno se pregunta de dónde vendrá. ¿Quién lo escribió y hace cuánto que viaja por las mareas, las corrientes y las olas?". (The Telegraph, 2006)

También hay testimonios emotivos, como la botella con una carta para su amigo muerto arrojada al mar por un niño de unos 10 años y hallada por alguien que paseaba por una playa en Florida (Infobae, 2006).

> Querido Daniel, lamento mucho que hayas fallecido y si estuvieras vivo, tú y yo estaríamos jugando fútbol y básquet y estaríamos jugando con Mattew, Oscar y Brandon. Estoy en quinto grado y tú fuiste mi mejor amigo y nuestra canción favorita era 'Austin Moon'. Espero que te diviertas con Jesús.
> De tu mejor amigo.

Incluso, algunos han convertido en una pasión al lanzamiento de botellas con mensajes. Es el caso del canadiense que ha arrojado más de cuatro mil y ha recibido respuestas por unas tres mil. Adentro no envía cartas sino una solicitud para que le escriban a su dirección (E. Villar, 2011).

¿Se animan a lanzar una botella imaginaria con una frase para cambiar el destino de quien la lea?

TE RETO A
Escribir una frase para enviar en una botella imaginaria.

PELÍCULAS PARA INSPIRARSE
-*Mensaje en una botella* (1999), dirigida por Luis Mandoki.
-*Una botella en el mar de Gaza* (2011), dirigida por Thierry Binisti.

SALVAVIDAS
-Si viven en una ciudad es posible dejarla en un lugar público en lugar de arrojarla al mar.
-Alternativa: escribir una carta o un poema.

Carta para des-indignarse

Tipo de reto: carta

Don Rigoberto, un empleado de una compañía de seguros, escribía en un cuaderno todo aquello que se imaginaba pero no se atrevía a realizar. Algunos de esos escritos eran cartas de indignación para enfrentar los sucesos aburridos o traumáticos de su vida.

Una de las cartas va dirigida a la "Asociación clorofila y bosta", institución que protege los derechos de los animales y las plantas.

> Sé que ofendo sus más caras creencias, pues no ignoro que usted y los suyos —¡otra conspiración colectivista!— están convencidos, o van camino de estarlo, de que los animales tienen derechos y acaso alma, todos, sin excluir al anofeles palúdico, la hiena carroñera, la sibilante cobra y la piraña voraz. Yo confieso paladinamente que para mí los animales tienen un interés comestible, decorativo y acaso deportivo (aunque le precisaré que el amor a los caballos me produce tanto desagrado como el vegetarianismo y que tengo a los caballistas de testículos enanizados por la fricción de la montura por un tipo particularmente lúgubre del castrado humano).

¿No hemos sentido deseos de mandarle una carta por el estilo al director de una revista, al gerente del servicio telefónico? Aprovecha, como don Rigoberto, al menos a cumplir tu deseo en un cuaderno.

TE RETO A

Escribir una carta a una asociación, persona real o ficticia y exponer tu punto de vista e indignación ante una problemática o ante ciertos dichos.

CUENTOS PARA INSPIRARSE
-*Uno de cada tres*, Augusto Monterroso.
-*Carta a un zapatero que compuso mal unos zapatos*, Juan José Arreola.

La vida según los astros

Tipo de reto: personaje

Continuamos con el tema que hemos usado con anterioridad en el reto "La mujer del horóscopo". En este caso, la información del horóscopo nos servirá para construir dos personajes de signo distinto: enfermedad que se mencione, situación de la pareja, viaje, etc.

TE RETO A
Inventar dos personajes inspirados en dos horóscopos.

SALVAVIDAS
-Puedes usar dos signos opuestos. Ejemplo, de fuego y agua.
-Elige el horóscopo al azar para un mayor desafío.

Noticias noveladas

Tipo de reto: relato corto

A veces, solemos leer ciertas noticias con la misma actitud de leer un cuento. Incluso, hay quienes siguen el caso de un asesinato como si fuera una serie televisiva. Algunas ficciones se han basado en sucesos reales. *Los suicidas del fin del mundo* de Leila Guerreiro es una novela que trata sobre los numerosos casos de suicidio en Las Heras, Argentina. Una de las novelas más famosas sobre un caso real es *A sangre fría* de Truman Capote.

Es posible contar la historia al estilo de una crónica, día a día, desde los ojos de un periodista. También, rellenar los espacios vacíos que dejan esos misterios que suelen permanecer como tales, o adentrarse en los sucesos previos a una desaparición reconstruyendo la vida de las personas afectadas: vecinos, amigos, parientes. Los caminos narrativos son múltiples.

Te propongo que fomentes el hábito de recopilar aquellas noticias que yo llamo "noveladas" y que podrían inspirarte a escribir, ya sea por su extrañeza, porque nos ha despertado la atención, porque el suceso encierra misterios que te gustarían resolver al menos con la imaginación.

¿Qué podrías escribir sobre los científicos que encuentran un mamut congelado y lo intentan descongelar con la intensión de clonarlo?

TE RETO A
Escribir un relato inspirado en una noticia periodística.

Colores

Tipo de reto: descripción

Una descripción que apela solo a lo visual resultará pobre, deja de lado la posibilidad de que el lector "sienta" lo que le sucede al personaje y que reconstruya la complejidad de ese contexto creado por el autor.

Cuando decimos, por ejemplo, "la luna era ocre", también la asimilamos a una luna marchita, una luna de óxido; no es una luna brillante, una noche clara, sino que es una noche cercana a lo muerto, a lo ajado, a lo viejo. Con una sola palabra abrimos un abanico de significaciones porque cada palabra posee diversos significados y se asocia, a su vez, con otros. Elegir una palabra es un acto de precisión.

TE RETO A
Seleccionar los objetos del reto "Rojo picante" y describirlos mediante todos los sentidos.

SALVAVIDAS

-Marca con distintos colores las palabras que aluden a cada uno de los sentidos. Por ejemplo, rojo para lo visual y azul para lo táctil.

-Analiza en tu texto qué sentido domina y cuál es el menos utilizado.

-Busca alguna descripción que hayas escrito y analízala de la misma manera.

Mi vida

Tipo de reto: fragmento

¿Qué podría decir de mi trabajo aburrido? ¿Qué podría escribir si jamás viví nada fuera de lo común? Sin embargo, nuestras experiencias, aún la de los trabajos más rutinarios, son únicas. Muchos autores, como Kafka, han escrito inspirados en su vida cotidiana, en sus empleos. Kafka conocía el ambiente burocrático porque trabajó en bufetes de abogados y en compañías de seguros. Joseph Conrad se basó en su experiencia como marino para escribir *En el corazón de las tinieblas*.

Mientras caminaba hacia la parada del ómnibus, no hace tanto, pensaba que todo lo horrible que me pasó en la vida, con los años, se había transformado en lo más interesante, no solo porque me brindó experiencia, algo obvio, sino porque me permitió liberar el dolor y el sufrimiento mediante la creatividad. Aquellas obras en las que incorporé, de manera ficcional, alguno de estos sucesos, fueron las más profundas. Por ejemplo, ahondé sobre el padecimiento de una enfermedad y el temor a la muerte.

Un autor siempre escribe desde su propia vivencia, desde su subjetividad, aunque no se debe confundir con el género autobiográfico que es, según Silvia Kohan (2013), "el relato de la propia vida hecha por el protagonista".

Los temas sobre los cuales te gusta escribir, esos que aparecen en tus textos, provienen de tu personalidad, de los sucesos que has vivido. La historia puede contextualizarse en un planeta ficcional, pero quizás el tema de la incertidumbre ante lo desconocido provenga del temor ante un viaje a un país que nunca has visitado. En mi caso, siempre giro en torno a ciertos elementos relativos a la soledad del individuo ante la sociedad de control: encierros, muros, zapatos, disciplinas, roles. Estos temas reaparecen hasta en mis poemarios.

No debemos confundir novela con autobiografía. Los sucesos que el autor escribe en una novela son producto de un proceso de ficcionalización, aunque es posible que aparezcan situaciones vividas por el autor.

Luego de leer una de las novelas de Manuel Puig, y tras haber indagado sobre ella, encontré una nota periodística que menciona la convulsión en el pueblo donde había nacido el autor cuando comenzaron a buscar en los personajes de *Boquitas pintadas* sucesos acontecidos en ese lugar. Según algunos, "descubrieron" que hablaban de ciertos vecinos. Es lógico que se sintieran ofendidos al leer la obra como una biografía y no como una novela.

TE RETO A
Escribir sobre un suceso o período de tu vida.

Cables cruzados

Tipo de reto: relato corto

Un *fanfiction* es una ficción escrita por fanáticos y basada en otra ficción: novela, cómic, película. Uno o varios personajes son trasladados a otro contexto, viven otras situaciones, conocen a otros personajes. A veces, se escribe sobre la infancia del personaje o se profundiza en una relación amorosa.

El *fanfic*, como se lo abrevia, ha dado origen a otros tipos de historias: el *cross over*, el *angst* y el *fluff*. En el primero, se cruzan dos personajes de universos ficcionales diferentes. Esta modalidad no es derivada del *fanfic* de manera directa, sino que ha sido utilizada en películas, en el cómic (Batman versus Superman) o en la televisión. Obviamente, hay que contar con los derechos de las obras, ya que es considerado plagio si escribimos una historia con el protagonista de *Violet y Finch* junto a la protagonista de *Los juegos del hambre*. Para evitar lo anterior, algunos autores apelan a cambiar el nombre y modificar a los personajes hasta alejarlos de los originales. Es el caso de *Cincuenta sombras de Grey*, *fanfic* modificado de la saga de *Crepúsculo*.

TE RETO A
Escribir un relato corto protagonizado por dos personajes de dos series, novelas, videojuegos o películas distintas.

SALVAVIDAS
Anota personajes en papelitos y escoge dos al azar.

El oráculo Cortázar

Tipo de reto: fragmento

La primera vez que experimenté con esta actividad usé la Biblia. Había pensando en una pregunta. Luego, al abrir una página al azar, con los ojos cerrados, señalé un versículo que se convertiría en la respuesta. Había preguntado sobre mi vocación y, no recuerdo con exactitud, lo señalado me decía sobre cumplir con mi destino. Luego, mucho después, repetí el ejercicio con Rayuela de Cortázar.

Con lo anterior, no quiero decir que hay que creer o no creer, sino que puede ser un medio para escribir, un disparador para acercarnos a las palabras. ¿Te animas a preguntarle a tu autor favorito?

TE RETO A
Escribir tres preguntas y responderlas inspirándote en un fragmento elegido al azar.

SALVAVIDAS
Puedes usar el *I-Ching*, un libro sobre horóscopos u otro texto con augurios o consejos.

Uno contra todos

Tipo de reto: relato corto

Ya que hemos creado personajes en el reto "La vida según los astros", vamos a ponerlos en una situación a ver cómo se comportan. Para ello pensaremos un conflicto que los enfrente y que deben resolver, ya sea de manera positiva o negativa.

TE RETO A
Escribir un relato con dos personajes enfrentados en una situación conflictiva.

Mi Úrsula

Tipo de reto: carta

Marie Moutier compiló en *Cartas de Wehrmacht* (2014) una serie de cartas que los soldados alemanes enviaron a sus seres queridos durante la Segunda Guerra Mundial. Ellas abarcan desde el año 1939 hasta 1945. En el Deutsche Dienststelle de Berlín se guardan miles y miles de estas cartas. Algunas están dirigidas a las novias o esposas; otras, a sus madres y padres; describen el día a día para que ellos puedan acompañarlos en la aventura o en el dolor.

La carta siguiente está escrita por un soldado a su esposa durante un alto en su viaje hacia Bohemia y Moravia.

Kaidling, 10 de septiembre De 1940

Mi querida Úrsula:
Acabo de resolver los asuntos de mi servicio (más mal que bien) y corro a darte noticias. Voy a intentar contarte todo de una forma ordenada. Ya te expliqué hasta la saciedad que nuestra partida fue complicada. Ya estaba bastante harto, pero tengo que confesar que también fue culpa mía, porque la víspera no me había preparado bien para el trayecto.

TE RETO A
Escribir una carta que comience con el párrafo citado.

Nace un superhéroe

Tipo de reto: fragmento

No vamos a desperdiciar al superhéroe que creamos en el reto "Man Man". Ahora que ha nacido un nuevo personaje, vamos a lanzarlo al mundo. Para ello tenemos que imaginar cómo vive, cuál es el objetivo que guía el uso de sus poderes.

TE RETO A
Escribir una escena con el superhéroe desplegando su poder para salvar a alguien de la muerte.

Protones y electrones

Tipo de reto: diálogo

Del reto "Contramotivacionales" habrás escrito una serie de frases. Algunas, quizás, ácidas e irónicas. Vamos a utilizar esas frases en un diálogo que mantienen dos personajes de opiniones muy contrarias. Uno de ellos, podemos llamarlo como se nos ocurra, piensa todo en positivo y hasta se ha inscripto en un taller para ser *coach* para empresarios; el otro, por contraste, es un pesimista que cita de memoria hasta a Schopenhauer. Ellos se encuentran en un café, de casualidad, mientras se refugian de una tormenta de granizo. Se invitan una bebida, uno tira una frase y comienza el diálogo entre estos dos personajes tan disímiles.

TE RETO A

Utilizar algunas de las frases escritas en el reto mencionado en un diálogo entre dos personajes.

Guía de musas

Tipo de reto: ensayo

Cada escritor posee una palabra para expresar "eso" que llega de improviso. Algunos lo llaman inspiración, musas, dios, energía creadora, chispa divina, misterio. Hay quien lo recibe como imagen; otros, como cataratas de palabras. Este último caso fue el de Rilke al "recibir" una parte de las Elegías durante su estancia en el castillo de Duino, de aquí el nombre de *Elegías de Duino*. Él, en tanto paseaba, una voz le susurró los primeros versos: "¿Quién me escucharía entre las cohortes de ángeles, si grito?". Recién, varios años después, pudo completarlos (H. Castillo, 2005).

En sus sueños, el Amor le inspiró a Dante Alighieri sus poemas: conoció a su Amor (Beatriz) cuando tenía nueve años y siempre sus visiones comenzaban a las nueve de la mañana o de la noche (O. Paz, 2003).

¿Te has preguntado de dónde provienen las palabras que escribes? ¿Qué te inspira? ¿Te incita el amor, la belleza, lo sublime, el enojo? ¿Llegan de tu corazón, de dios, de una voz pasada, de un fantasma, de una musa?

TE RETO A
Narrar sobre tu fuente de inspiración.

Collage

Tipo de reto: plástica

Muchos escritores han apelado al collage como disparador de la creatividad valiéndose de recortes de revistas, periódicos, palabras sueltas, frases, dibujos. Osvaldo Lamborghini, escritor argentino, utilizaba revistas a las que pegaba fragmentos de otras revistas, escribía en sus márgenes o dibujaba. Jiří Kolář conjugó el collage y la poesía.

La imagen y la palabra conviven. Cuando pensamos en una palabra, por lo general, se anuda una imagen. Cuando escribimos, muy metidos en la historia, algunos vemos escenas que transitan como en una película y uno solo escribe lo que ve. Cuando escribo, me acompaño de un cuaderno al que llamo "cuaderno de novela" donde dibujo, pego imágenes, escribo palabras sueltas, dibujo escenas.

Pizarnik dibujaba y pintaba, solía mezclar la palabra y la imagen. Son varios los escritores que apelan a esta técnica. Un artista elige un medio para expresarse, pero puede fomentar la creatividad mediante otros soportes. Un escritor puede usar, incluso, la música como inspiración. ¿Te animas a unir imágenes con palabras?

TE RETO A

Crear un collage al que agregues tres palabras, un objeto, una persona y escribir sobre la escena resultante.

PARA INSPIRARSE
-Tan Vargas
-Carmen Luna
-Randy Mora

SALVAVIDAS

Puedes utilizar un collage que encuentres en Internet en caso que no desees crearlos.

Siglo XXX

Tipo de reto: descripción

Te has despertado en el siglo XXX. No sabes el motivo, pero estás allí. Quizás eres un viajero del tiempo con un objetivo determinado que aún no descubres. Una situación semejante vivió el protagonista de la famosa novela *La máquina del tiempo* de H.G Wells, historia de un hombre que construye una artefacto que le permite viajar al futuro y descubrir una sociedad muy distinta a la de su época. Diferente fue el caso del personaje de *Un yanqui en la corte del rey Arturo* de Mark Twain, que viajó el pasado a raíz de un golpe en la cabeza.

En este reto deberás describir la forma de vida, las ciudades, la ropa, medios de transporte, de los habitantes del siglo XXX. Puedes concentrarte en describir cómo han resuelto alguna problemática, por ejemplo, la falta de agua, la superpoblación o el agotamiento de los recursos. ¿Existió alguna catástrofe? ¿Se sucedieron ciertas guerras?

Si te gusta dibujar, ¿te animas a bosquejar la ciudad, el tipo de ropa o algún aspecto que has detallado?

Y ya que estamos a la búsqueda de inspiración, las películas clásicas *Volver al futuro* y *Pide al tiempo que vuelva*, así como la serie de *Doctor Who*, no podrían faltar.

TE RETO A
Describir una sociedad del futuro.

NOVELAS PARA INSPIRARSE
-*He aquí el hombre* de Michael Moorcock.
-*Recuerdos del futuro* de Robert Sawyer.
-*Por el tiempo* de Robert Silverberg.
-*Forastera* de Diana Gabaldon .

Galleta de la suerte

Tipo de reto: fragmento

Parece que las galletas de la suerte o de la fortuna no son un invento chino. Algunos creen que fue en Los Ángeles, en 1918, ideadas por un inmigrante japonés llamado David Jung. Adentro de las galletas de Jung se encontraba una tira de papel con una frase bíblica. Jung regalaba estas galletas en las calles. Sin embargo, según otra versión, habrían sido inventadas por Makoto Hagiwara, también un inmigrante japonés, pero en el año 1914. Makoto era jardinero y diseñó el Jardín de té del Golden Gate Park.

Estas galletas se hicieron populares en China recién luego de la Segunda Guerra Mundial. Hoy existen hasta aplicaciones virtuales para obtener un mensaje en una galleta.

TE RETO A
Escribir diez frases para galletas de la suerte desde humorísticas hasta proféticas.

SALVAVIDAS
Si te gusta cocinar, puedes hacer tus galletas de la suerte para regalar con las frases que has escrito.

Poesía eres tú

Tipo de reto: fragmento

La poesía ha sido definida de muchas maneras. Quizás cada poeta sostenga su propia definición. Para Jaime Sabines la poesía es un destino, un ejercicio necesario e inevitable. Según Huidobro, se corresponde a estados del espíritu y los verdaderos poemas son incendios. Para Poe se relaciona con la belleza. "Que se atrevan a vivir la poesía", ha dicho André Breton; es decir, "a vivir en la revelación de las cosas, en la conciencia de su naturaleza abisal, con la sinceridad salvaje que la auténtica poesía implica" (E. Molina, 1996).

TE RETO A
Escribir sobre qué es la poesía según tu punto de vista.

Se me cajuci la mandoca

Tipo de reto: lista

> De los errores se aprende,
> dice un viejo proverbio.
> Un proverbio nuevo
> *podría decir:*
> *"Con los errores se inventa".*
> Ginno Rodari

A veces, creamos palabras por escribir a las apuradas. En lugar de "gatos" podemos escribir "canos". Puedo darle un sentido distinto a "gatos": canos son los canosos que cantan a la luna porque el cabello también se le ha vuelto blanco. "Los canos aullaban sobre la tapia".

En lugar de golpearnos con la vara de la crítica por haber cometido un error, deberíamos aprender de los niños que se ríen de la invención de palabras y hasta lo disfrutan. En *Gramática de la fantasía*, Gianni Rodari explica una manera de usar el error para fomentar la creatividad.

En una ocasión, a un niño que había escrito -insólito error- «caja» en lugar de «casa», le sugerí que inventase la historia de un hombre que vivía en una «caja». Otros niños se entusiasmaron con el tema. Se les ocurrieron tantas historias: había una de un hombre que habitaba en una caja de muertos; otro era tan pequeño que le bastaba una caja de verduras para vivir; un día se durmió dentro de la caja, y lo llevaron por error a un mercado, donde alguien pretendía comprarlo a tanto el kilo.

Una «bistola», que cambia su «p» por una «b», debería disparar «palas» en lugar de «balas», de acuerdo con una ley de compensación.

Un *neologismo* es una palabra inventada o una existente a la que se le suma un nuevo significado. Los conceptos científicos, a veces, suelen ser palabras inventadas como "aculturación", "endogamia" y, en ciertos casos, pasan al discurso cotidiano donde se agregan, a su vez, nuevos significados.

Unos años atrás, en tanto escribía una novela, ahora naufragada por no haber planificado lo suficiente su trama, necesitaba nombres de comidas, de ropa, de ciudades. Todo el mundo era inventado. Pasé días armando en un cuaderno una especie de libreta de etnógrafo: comidas, tipo de viviendas, religión, dioses, ropa, casa. En mi locura quería poner nombre nuevo hasta a los insectos. Llegó un momento que la inventiva me colapsó. Desconozco el motivo, pero se me ocurrían palabras de dos sílabas: "kira", "maka", "rotu". Parecía un idioma de un grupo ancestral, protohumano. En mi desesperación, inventé nuevas palabras gracias a mis ejercicios dadaístas. Busqué un libro y marqué sílabas al azar. Luego, uní sílabas y separé las palabras que sonaban mejor y les inventé un significado.

Algunas de estas palabras inventadas fueron: "betalud", "padecolo", "cajuci", "madoca", "testera". Algunas suenan cómicas. ¿Se animan?

TE RETO A
Inventar palabras nuevas al juntar sílabas al azar.

Supercontento y archifeliz

Tipo de reto: diálogo

A través de los diálogos escuchamos a los personajes. Las palabras que utilizan, hasta sus silencios, nos permiten acercarnos a su forma de ver el mundo, a su personalidad. Además, aquello que hacen mientras hablan nos brinda información extra. El personaje puede mirar por la ventana, de espaldas a quien le habla o mirar a los ojos de su interlocutor. Ambas actitudes ofrecen más información a lo enunciado en el diálogo; incluso, hasta expresar algo opuesto. Un personaje de espalda a su interlocutor podrá contradecirse: "Yo siempre doy la cara y voy de frente".

Uno de los aspectos donde se puede descubrir el oficio de un escritor es en la forma de escribir los diálogos. Un error habitual es el uso incorrecto de los signos de puntuación asociados a ellos. Escapa al objetivo del libro explayarme sobre el tema, pero recomiendo que busquen novelas y observen la forma de registrar los diálogos y se confeccionen un cartelito para colgar en el sitio donde escriben.

En los diálogos se suele aclarar sobre el hablante y alguna acción que trascurre en el mismo tiempo o tiempo después. Se debe tener en cuenta que los gerundios siempre indican acciones que suceden o se desarrollan en paralelo.

Leí varios consejos en *blogs* sobre el uso de sinónimos para no repetir el verbo "decir", entre ellos "ironizó", "acotó", etc. Es lógico que intentemos no repetir palabras, pero una excepción es el uso de este verbo. Se recomienda escribir "decir" porque es una señal para que el lector no pierda el referente del personaje que habla y no tener que volver hojas atrás para contar el orden de los diálogos alternando entre dos o más personajes.

Quizás queremos indicar algo más con otros verbos afines como "recalcó", "señaló", "ironizó", pero es aconsejable no plagar el texto de estos verbos (declarativos o *dicendi*) porque el lector podría detenerse en estas palabras y desviar la atención hacia lo irrelevante. Si alguien ironiza, lo mejor es que el diálogo contenga la ironía y que el lector concluya que eso que dijo el personaje es una ironía. Estaremos, de esta última manera, dejando un lugar para que el lector se incluya y no lo tratemos de tonto.

Otro error consiste en enfatizar lo dicho con adverbios que no aportan nada. Por lo general, si tachamos estos adverbios, no perderemos el sentido del texto. Observemos el siguiente ejemplo:

—*Estoy tan feliz que podría besarte —vociferó alegremente.*

Primero, "vociferó" posee un tono muy elevado, artificioso. Segundo, ¿por qué el narrador tiene que decir "alegremente" cuando el personaje ya lo dijo? Cuando escribo la primera versión de un texto, cometo muchos de estos errores de redundancia, de volver a decir en tres oraciones lo que podría sintetizar en dos palabras. Si el personaje dice al lector "estoy tan feliz", no usemos al narrador para que aclare al lector como si él no entendiera: "Cuando alguien está feliz, también está alegre".

TE RETO A

Escribir un diálogo entre dos personajes comenzando con: "Tus asuntos me tienen sin cuidado".

SALVAVIDAS

-Incluye los gestos y las actividades de tus personajes en tanto dialogan.

-No te olvides de observar tu ayuda memoria para escribir los diálogos mediante una puntuación adecuada.

Yo opino

Tipo de reto: ensayo

Muchos textos de opinión buscan que el lector cambie la suya, comprenda otra forma de pensar un tema, se sensibilice o conozca una problemática social.

Todos poseemos una opinión sobre problemas o acontecimientos. A veces, los discutimos con amigos en tanto tomamos un café en el centro de la ciudad, pensamos en ello cuando viajamos en ómnibus o caminamos hacia el supermercado. Con los años, cambiamos de opinión o complejizamos esas opiniones a partir de nuevos sucesos vividos, nos apoyamos en datos de alguna revista o libro. En este proceso, respondemos preguntas, concluimos, descartamos hipótesis. Nos puede resultar fácil explicarnos en una charla con amigos, pero cuando vamos a escribirlo, por ejemplo, en una evaluación en la universidad o en la escuela, las palabras se nos enroscan, la idea, tan clara en mi mente, termina embrollada en la página hasta ser un nudo de palabras. Por lo general, conduce a una evaluación desaprobada porque "está confuso", "no se entiende". Si lo releo, lo más probable es que ni yo me entienda.

Una cosa es pensar, dejar fluir a las palabras que siguen rutas intangibles y a gran velocidad; otra muy diferente, volcar las ideas en un papel de manera que se produzca un texto ordenado, coherente, legible.

En este reto, te propongo elegir un tema de interés, por ejemplo, un videojuego que hayas jugado, las hinchadas de fútbol, la violencia en el trabajo. Los temas te rodean, es más, piensas en ellos a diario. Puedes concluir el reto en unas horas o registrar tus ideas durante una semana y luego desarrollarlas.

Es recomendable que recortes un solo aspecto del tema. Si abarcas demasiados, sentirás que te aplasta o se te escapa y no puedes con ello, dejarás de escribir por la frustración. Comienza con un detalle a ser ampliado con posterioridad.

TE RETO A
Escribir un ensayo sobre un tema que te interese.

SALVAVIDAS
-Escribe una lista de temas a abordar.
-Realiza una serie de preguntas que te guiarán en el momento de armar las ideas: ¿por qué creo que sucede?, ¿cómo podría evitarse?, ¿por qué creo que es importante que este problema se resuelva?
-Selecciona una sola de estas preguntas y desarróllala.

Libro bajo la almohada

Tipo de reto: lista

The Book Pillow es una película de Peter Greenaway. El título señala la costumbre japonesa de guardar en un hueco de la almohada el diario íntimo llamado "El libro de cabecera". En una de las primeras escenas de la película, una de las protagonistas lee el libro escrito por Nagiko: "Haré una lista de cosas elegantes: huevos de ganso, colocar hielos dentro de un recipiente de plata, el surgimiento de la glicina, el deshojar de ciruelas que cubre la nieve, un niño comiendo fresas, cosas que hacen latir el corazón más rápido, pasar por un sitio donde juega un bebé, dormir en una habitación donde arde incienso fino".

TE RETO A
Escribir tu lista de cosas elegantes.

Fábrica de oraciones

Tipo de reto: fragmento

Siempre me ha gustado apelar al azar en el proceso creativo. Ni hablar de consultar al tarot o tirar las monedas para el *I Ching*. El azar me sorprende. Lo mismo me sucede con la escritura. Disfruto de la escritura automática y de buscar palabra para obtener asociaciones novedosas.

En este caso, solo vamos a buscar unas palabras al azar. Luego, trataremos de generar tantas oraciones como podamos. Te sorprenderán la cantidad de relaciones que eres capaz de crear.

Para el siguiente ejemplo usé la *Antología de la poesía surrealista* de Aldo Pellegrini. Las tres palabras escogidas de manera azarosa fueron "sueños", "engendrar" y "viscosas". Algunas oraciones resultantes:

-*Los sueños viscosos engendran monstruos inalcanzables.*

-*Viscosos son tus sueños que engendran pensamientos de espuma.*

-*Tan viscoso como los sueños engendrados por la fiebre.*

TE RETO A
Elegir al azar un sustantivo, un adjetivo, un verbo y escribir oraciones.

Concierto en tubarpa

Tipo de reto: descripción

¿Para qué sirve una canilla cuyo pico está retorcido? ¿Y una botella construida solo con esponjas? Habría que preguntarle a su inventor: Jacques Careman.

Me resulta difícil describir sus inventos por este medio porque son para mirar y ofrecen un juego humorístico. Sus esculturas narran la extrañeza de ser un objeto de uso cotidiano al que se le suman usos disparatados. Algunos son producto de unir dos objetos, como la "tubarpa": mitad tuba, mitad arpa.

TE RETO A
Inventar y describir dos objetos disparatados.

SALVAVIDAS
-Escribe en papelitos partes de objetos de uso cotidiano. Algunos ejemplos: suela de zapato, lomo de libro, mango de pala, pata de mesa, aspa de ventilador.
-Extrae dos papelitos y arma un objeto nuevo.
-Inventa su nombre, describe su uso.
-Si te gusta dibujar, puedes armar un catálogo de objetos extravagantes.

Los genios y las frutas

Tipo de reto: diálogo

Cuando alguien no paraba de discutir hasta que le dieran la razón, mi abuela decía: "Zapata, si no la gana, la empata", y se iba, no sé si con la razón, pero al menos con la última palabra.

Algunos, con tal de tener razón, "mandan cualquier fruta", como se dice en Argentina. "¡Ese cómo manda fruta!", en alusión al momento en que "ese" explica la órbita cuántica que sigue el aerolito hasta impactar en un supuesto apocalipsis zombi".

Si desconocemos un tema, podemos creer que quien habla es un genio. Distinto es cuando el supuesto "genio" comienza a meterse en temas de nuestro dominio y ahí comprendemos que lo que dice no tiene sentido o es falso. Es el momento cuando se nos caen los ídolos.

No sé si Arthur Schopenhauer padeció la compañía de uno de estos "genios" que siempre tienen razón, pero registró los ardides con los cuales algunos imponen su punto de vista. Tal fue su fascinación que sistematizó las estratagemas (trucos, estrategias) para discutir y tener razón, tanto justa o injustamente, aspecto que llamó *Dialéctica erística*. La obra aludida es *El arte de tener razón*. Este texto, inconcluso a la muerte del autor, se cree que fue escrito entre 1830 y 1831, fue publicado de manera póstuma.

¿Cómo es posible que alguien tenga razón de manera "injusta", sin razón objetiva? Según Schopenhauer, por la maldad humana, cuando algo "falso" puede imponerse como razón. Para entender lo anterior es necesario aclarar que por "justo" aludía a "lo verdadero" y, por contraste, lo "injusto" era "lo falso". En definitiva, en un debate se puede tener razón aunque lo que se defienda sea falso ya que se trata de hacer valer el propio punto de vista.

Conocer estas estratagemas permite enfrentarse con un adversario en sus propios términos. No desarrollaremos el tema que excede al objetivo del libro, pero podemos disponer de algunos de estos trucos al momento de escribir una novela o un cuento. "El verdadero concepto de dialéctica es, por tanto, el expuesto: esgrima intelectual para llevar la razón en la discusión" (A. Schopenhauer, 2006).

En nuestra novela, los personajes podrían discutir y para ello utilizar alguna de las propuestas de Schopenhauer. Una de ellas es el truco de la homonimia que consiste en dotar a una de las palabras afirmadas por el adversario con otro significado. Recordemos que dos palabras son homónimas cuando son idénticas o se pronuncian de la misma manera, pero poseen distinto significado. Por ejemplo, "aya y "halla".

Schopenhauer ejemplifica con la palabra "misterio". Ilustraremos el diálogo con dos personajes que retomaremos en otros retos.

Pedro: Usted no está iniciado en los misterios de la filosofía kantiana.
Juan: Ah, no quiero saber nada de algo donde hay misterios.

Según Pedro, "misterios" refiere a aquello que Juan desconoce de la filosofía kantiana. Juan retoma la palabra "misterio" y alude a otro significado, a lo misterioso, a lo paranormal o mágico; de paso, Juan desvaloriza a la filosofía kantiana, que según Pedro, Juan debía conocer para no ser un ignorante.

Esta manera de rebatir incluye al humor. Uno puede jugar con los múltiples significados de cada palabra. Recuerdo haber presenciado en la televisión la entrega de unos premios donde un periodista bautizó a un escritor con otro nombre, aunque conservando el apellido. El diálogo, que no recuerdo textual, podría haber sido así:

Periodista: Espero que esté disfrutando la cena, Pedro Parrilla.

Escritor: No sé si "Pedro Parrilla" está disfrutando la cena, pero "Juan Parrilla" la está pasando bomba.

TE RETO A
Escribir un diálogo entre dos personajes que discuten bajo la estratagema de la homonimia.

SALVAVIDAS
-Confecciona una lista de palabras con múltiples significados.
-Elige una de estas palabras para escribir el diálogo.

Mil maneras de decir lo mismo

Tipo de reto: reescritura

"Yo escribo como me sale", escuché varias veces. Y es lógico que escribas según un estilo propio, pero es interesante pensar en cómo transmitir una historia, en el tipo de tono que prevalezca: mordaz, hilarante, oscuro, escueto o complejo. Cada historia te dirá la mejor manera de ser contada.

Raymond Queneau, a partir de un texto corto, escribió noventa y nueve estilos distintos. Reproduzco dos de ellos para ilustrar lo anterior:

En el S, a una hora de tráfico. Un tipo de unos veintiséis años, sombrero de fieltro con cordón en lugar de cinta, cuello muy largo como si se lo hubiesen estirado. La gente baja. El tipo en cuestión se enfada con un vecino. Le reprocha que lo empuje cada vez que pasa alguien. Tono llorón que se las da de duro. Al ver un sitio libre, se precipita sobre él.

Dos horas más tarde, lo encuentro en la plaza de Roma, delante de la estación de Saint-Lazare. Está con un compañero que le dice: «Deberías hacerte poner un botón más en el abrigo.» Le indica dónde (en el escote) y por qué. (Notaciones)

En el centro del día, tirado en el montón de sardinas viajeras de un coleóptero de abdomen blancuzco, un pollo de largo cuello desplumado arengó de pronto a una, tranquila, de entre ellas, y su lenguaje se desplegó por los aires, húmedo de protesta. Después, atraído por un vado, el pajarito se precipitó sobre él.

En un triste desierto urbano, volví a vedo el mismo día, mientras se dejaba poner las peras a cuarto a causa de un botón cualquiera. (Metafóricamente)

TE RETO A
Reescribir el primer texto citado de Queneau y transformarlo en los siguientes estilos: telegrama, crónica periodística, adjetivado.

Mundos paralelos

Tipo de reto: fragmento

A veces, las decisiones que elegimos pueden conducirnos a vidas distintas. Existen momentos clave, encrucijadas, en las cuales decidimos nuestro futuro. Si elegimos estudiar una carrera en lugar de otra, estaremos cambiando todo nuestro futuro. No es lo mismo estudiar abogacía que arte. Influirá en los trabajos que tengamos, en nuestras parejas, en nuestra forma de pensar, en el estilo de vida.

De la misma manera, existen momentos claves en la vida de un personaje, esos que influyen en su personalidad, que lo conducirá a un tipo de vida. Incluso, se espera que existan acontecimientos centrales que llevan a un personaje a cambiar.

¿Recuerdas alguna novela que plantee una situación límite que obligó al personaje a modificar sus sentimientos o su forma de ser? ¿Qué podría haber sucedido si alteramos ese suceso? Obtendremos una novela paralela, bifurcada a partir de ese punto de alteración.

Algunas novelas se basan en alterar un suceso de la historia para desarrollar un mundo paralelo. Por ejemplo, los japoneses ganan la Segunda Guerra mundial tras arrojar una bomba atómica en California. ¿Cómo sería el mundo hoy? *Fallout 4*, el videojuego, se contextualiza en una realidad alternativa luego de la invasión de China a los Estados Unidos y el uso de la energía atómica para el mundo cotidiano; su estética es una mezcla interesante entre la década del cuarenta norteamericana con elementos del futuro.

TE RETO A

Elegir una escena de una película o una novela y alterarla de manera que los personajes actúen de otra manera. Como alternativa, incorpora un accidente o un cataclismo.

Nunca ni jamás

Tipo de reto: lista

Hay actividades que no haremos nunca, ya sea porque están en contra de nuestra moral, no contamos con dinero, no queremos, no tenemos ganas, porque no nos gustan.

Don Rigoberto, personaje de una novela de Vargas Llosa, escribe en su cuaderno una lista de "nunca":

> Nunca usarás en tu vocabulario las palabras telúrico, cholito, concientizar, visualizar, estatalista, pepas, hollejos o societal.

Nunca tendrás un hámster ni harás gárgaras ni usarás postizos ni jugarás al bridge ni llevarás sombrero, boina o rodete.

TE RETO A
Escribir tu propia lista de "nunca".

Vendedor de aspiradoras

Tipo de reto: fragmento

Uno de los primeros ejercicios de escritura que me propuse fue escribir el manual de uso de una aspiradora. Fue un descubrimiento porque no había experimentado con el humor. Hasta ese momento, mi escritura era una catarsis, me servía para llorarme o para llorar por situaciones trágicas.

A partir de ese ejercicio, entusiasmada por lo divertido que me había resultado, escribí otros textos de tintes humorísticos. Comparto un fragmento de mi aspiradora "Zum-Zum".

Multiprocesadora Ultra Zum-Zum oo
Zum-Zum, Inc. Corporation Enterprise SA Ltd.
Disponible en otros idiomas: sánscrito, esperanto, latín, castellano antiguo, lunfardo, jeringoso.
Consultar por idiolectos en:
soyunmolesto@zumzum.com
¡Novedad! También disponible en jeroglífico y en cuneiforme. Nota aclaratoria: no nos hacemos cargo del costo del envío de las rocas incisas con dichos signos. Para obtener el número de cuenta de caja de ahorro para depositar los $30.000 en virtud del costo de envío, enviar un mail:
soyunnabo@zumzum.com
Bienvenido al maravilloso mundo de la modernidad. Señora, caballeros y amas de casa, ya no tendrán que pasarse horas, ora con el cuchillo, ora con el pelapapa. La multiprocesadora Ultra Zum-Zum oo facilitará las tediosas tareas culinarias de pelar, cortar, rebanar, aserrar, serru-

char, pulir, socavar, lijar, moler, frotar. Por lo tanto, ¡felicitaciones!, ha sido uno de los cien nabos en el mundo que ha comprado esta porquería. Pero he aquí la buena noticia: si la multiprocesadora Ultra Zum-Zum que le estamos entregando no funcionara, le devolvemos el importe más un cupón para participar en el sorteo bianual de una maravillosa multiprocesadora Ultra Zum-Zum oo.

La idea partió de la lectura del texto de Juan José Arreola, *Baby HP*:

Señora ama de casa: convierta usted en fuerza motriz la vitalidad de sus niños. Ya tenemos a la venta el maravilloso Baby H.P., un aparato que está llamado a revolucionar la economía hogareña.

El Baby H.P. es una estructura de metal muy resistente y ligera que se adapta con perfección al delicado cuerpo infantil, mediante cómodos cinturones, pulseras, anillos y broches. Las ramificaciones de este esqueleto suplementario recogen cada uno de los movimientos del niño, haciéndolos converger en una botellita de Leyden que puede colocarse en la espalda o en el pecho, según necesidad. Una aguja indicadora señala el momento en que la botella está llena. Entonces usted, señora, debe desprenderla y enchufarla en un depósito especial, para que se descargue automáticamente. Este depósito puede colocarse en cualquier rincón de la casa, y representa una preciosa alcancía de electricidad disponible en todo momento para fines de alumbrado y calefacción, así como para impulsar alguno de los innumerables artefactos que invaden ahora los hogares.

TE RETO A
Escribir el manual de uso de un electrodoméstico.

CUENTO PARA INSPIRARSE
-*Anuncio*, Juan José Arreola.

SALVAVIDAS
Busca un manual para guiarte sección por sección.

Mr. Quejaman

Tipo de reto: personaje

En ciertos sitios de Internet ofrecen un espacio para que la gente despotrique o se desahogue. Algunos suelen ser bastante visitados por consumidores que se quejan sobre la mala atención de un comercio, el fraude de un producto defectuoso, la mala praxis médica o la estafa recibida por parte de su abogado. Incluso, algunas de estas páginas formalizan la queja en un formulario para ser presentado en entidades privadas o públicas.

Imaginemos un personaje de lo más quejoso, de esos que hacen de la queja su forma de vida. Si sale el sol, les pica mucho; si llueve, es para arruinarles el día con esa humedad que enerva los cabellos. Es tan egocéntrico que la lluvia solo acontece para amargarle su festejo, pero jamás para regar las plantas. La lluvia es una maldición divina solo para él. Este personaje nos puede resultar bastante odioso, aunque también podría expresar situaciones de gran lucidez.

En este reto te pedimos que construyas un personaje quejoso. Más adelante, lo dejaremos desahogarse.

TE RETO A
Describir un personaje quejoso que despotrica a menudo.

SALVAVIDAS
-Enumera sus palabras predilectas, el tema favorito de queja y los sucesos que le molestan.
-Arma lo anterior en un diálogo para conocer mejor a tu personaje.

Mensaje dadá

Tipo de reto: fragmento

Las técnicas dadaístas fueron las primeras que usé para inspirarme a escribir y aún las uso. Si bien se ha aplicado sobre todo para la poesía, es válido también al escribir narrativa.

El dadaísmo fue una corriente artística que surgió en 1916, en Suiza, bajo el ideal de romper con las convenciones y modelos, en contra del arte como mercancía, contra todo lo que representa e instituye: academia, mercado. Si bien como movimiento hoy forma parte de los libros de historia del arte, podemos aún aprovechar esa energía remanente, esa forma de crear en libertad mediante la ruptura con los modelos instituidos.

Este ejercicio te brindará materia prima y energía para trabajar en tus escritos. Puedes guardar los registros en un cuaderno o en un archivo para buscar ideas cuando las necesites.

Cito, de *Siete manifiestos dadaístas* de Tristán Tzara, las instrucciones "Para hacer un poema dadaísta".

Coja un periódico. Coja unas tijeras. Escoja en el periódico un artículo de la longitud que cuenta darle a su poema. Recorte el artículo. Recorte en seguida con cuidado cada una de las palabras que forman el artículo y métalas en una bolsa. Agítela suavemente.

Ahora saque cada recorte uno tras otro. Copie concienzudamente en el orden en que hayan salido de la bolsa. El poema se parecerá a usted. Y es usted un escritor infinitamente original y de una sensibilidad hechizante, aunque incomprendida del vulgo.

Comparto algunas de las frases que armé con esta técnica en el año 2005:

-*Sangra la noche hacia su cuerpo.*
-*Por la casa los pasos de la culpa.*
-*Nos estrechaba la costumbre de insultar pequeños modos de inmoralidad.*

TE RETO A
Recortar palabras de periódicos y revistas, mezclarlas y formar oraciones al azar.

San Valentín

Tipo de reto: plástica

Las tarjetas ilustradas y de felicitaciones que se envían para una gran variedad de sucesos, desde cumpleaños hasta celebración de la amistad, hoy han sido reemplazadas por los mensajes de textos y otros medios electrónicos. Pero esta costumbre de enviar tarjetas se remonta a Egipto antiguo con sus envíos de felicitaciones en rollo de papiros.

En este reto deberás disponer de lápices de colores, revistas o periódicos para confeccionar tus propias tarjetas. Puedes dibujar o apelar a un collage con recortes de revistas, usar una carilla del cuaderno o trabajar en una cartulina doblada a modo de tarjeta del tamaño que prefieras.

TE RETO A
Confeccionar tres tarjetas para tres sucesos diferentes.

SALVAVIDAS
-Selecciona tres temáticas para tus tarjetas. Por ejemplo, amistad, amor, viajes.

-Escribe varias frases para cada una y selecciona las que te gusten.

-Por último, confecciona un dibujo o un collage acorde al tema.

Uno nunca conoce el final

Tipo de reto: relato corto

Williams Brahms (2010) recopiló más de tres mil frases que distintas personalidades dijeron antes de su muerte. Me pregunté, en tanto marcaba alguna de ellas, si existe una coherencia entre la vida de un individuo y sus palabras finales. Se podría pensar en el momento en el cual un personaje debe hablar por última vez. ¿Qué podría decir? ¿Una maldición, un insulto, una despedida?

Algunas de las frases recopiladas por Brahms constituyen pedidos; otras, deseos o palabras para alguien:

-¡Lo sabía! ¡Lo sabía! Nací en una habitación de hotel, maldición, morir en una habitación de hotel. Eugene O'Neill

-Uno nunca conoce el final. Alfred Hitchcock

-No llores. Necesito de todo mi coraje para morir a los veinte años. Évariste Galois

-Por supuesto, sé quién eres. Eres mi chica. Te amo. John Wayne

-Diles que mi vida fue maravillosa. Ludwig Wittgenstein

TE RETO A

Escribir un relato corto que incluya, como últimas palabras de tu personaje, una de las frases enumeradas más arriba.

Guerreros contemporáneos

Tipo de reto: fragmento

Piensa en eslóganes publicitarios que recuerdes. ¿Cuántos eslóganes escuchas o lees por día? Imagino que muchos. Algunos hasta se han incorporado a nuestra vida cotidiana separándose del producto al que aludían: "Hay cosas que el dinero no puede comprar", "Solo hazlo", "Tú lo vales", etc. Incluso, se usan como lema para cuando uno está deprimido o en humoradas.

¿Sabías que "eslogan" significa "grito de guerra?

Ejemplo de algunos eslóganes que escribí a partir de publicidad de tintes de colores estridentes para el cabello:

-Lo que natura no da, tintes Fosfo lo enciende.
-Eco pelo. Súmate a la ola verde.
-Está de moda el pelo verde. ¿De qué color vas a ir hoy?

TE RETO A
Escribir diez eslóganes alternativos a propagandas que encuentres en revistas o en la televisión.

Fuera de la pantalla

Tipo de reto: diálogo

Siempre recuerdo la película de Woody Allen, *La rosa púrpura del Cairo*, sobre una mujer que va al cine como parte de su rito placentero para vivir otra vida que no fuera la de una camarera. Y se le cumple el deseo porque el personaje escapa de la pantalla para dirigirse a ella y pedirle ayuda. ¿Qué sucedería si te pasara lo mismo? Imagina que estás viendo esa película con ese personaje que te encanta, que admiras o que es tu amor platónico. ¿Qué te diría? ¿Cómo sería ese diálogo?

TE RETO A
Escribir una escena con un diálogo entre un espectador de una película y un personaje.

Moscas que braman

Tipo de reto: reescritura

Las primeras palabras que leemos son importantes ya que son aquellas que engancharán o harán huir al lector. Si comenzamos un texto con una descripción muy densa, con palabras muy "elevadas" y técnicas, el lector se aburrirá o creerá que lo que sigue es un texto tedioso. En cambio, si iniciamos con un suceso que despierta el interés, un acontecimiento desde la óptica de un testigo o datos curiosos, el lector se enganchará.

He leído varios libros cuyos autores apelan, en el primer capítulo, a un largo muestrario de lo que saben, mencionan todos sus éxitos, los premios que han conseguido. Confieso que el marketing no es mi tema, pero quizás sea una estrategia que permite informar sobre la autoridad de quien escribe, aunque también permite echarse una siesta. Tal cual fue mi lectura sobre un ensayo para mejorar la creatividad cuyo primer capítulo era una alabanza hacia su autora, páginas y páginas de enumeración de sus logros, los mismos contados varias veces. No me enganchan este tipo de estrategias, todo lo contrario, me producen rechazo. Primero, porque el autor se sube a disertar sobre un pedestal; segundo, porque el tema que convoca se diluye y el autor obliga a leer páginas y páginas de su *curriculum vitae* que bien pudiera haberlo puesto en la contratapa como biografía. En definitiva, dije todo lo anterior para opinar que si vamos a hablar de un tema, comencemos cuanto antes, sin rodeos. Tampoco utilicemos páginas en una larga introducción para inflar nuestro ego ni generar un falso suspenso de trompetas.

Dale Carnegie, en su libro *Cómo hablar bien el público*, explora posibles comienzos en los discursos. Quizás puedan aplicarse a la escritura de ensayos y hasta en novelas. Algunas de las estrategias de inicio que menciona el autor son: ejemplificar, narrar un suceso curioso, citar, ofrecer un dato sorprendente, preguntar. Por ejemplo:

> ¿Saben ustedes que el sonido de una mosca que camina sobre un panel de vidrio puede ser transmitido por radiotelefonía hasta el corazón de África, y allí hacerlo bramar como si fuesen las cataratas del Niágara?

¿Capturó el interés? Seguro que sí. Además, esta imagen perdurará durante años. He leído el libro de Dale Carnegie en el año 1990 y aún recuerdo uno de los discursos que cita sobre una trenza carbonizada a raíz de haber quemado viva a una mujer en la hoguera. Fue este recuerdo tan fuerte el que me llevó a buscar el libro.

TE RETO A
Reescribir el inicio del texto escrito en el reto "Yo opino".

SALVAVIDAS
-Relee las primeras oraciones del texto ¿Se inicia con un ejemplo?, ¿despierta la curiosidad?, ¿comienza con una pregunta?
-Reescribe el inicio de manera que logres captar la atención del lector.
-También puedes reescribir un ensayo ajeno.

V sin vendetta

Tipo de reto: fragmento

El hombre es un ser multisensorial.
Algunas veces verbaliza.
Ray Birdwishtell

John Birdwishtell define a la comunicación no verbal como una "expresión o lenguaje corporal desprovisto de palabras", un "conjunto de signos (movimientos, olores, expresiones del rostro) mucho más complejos que el lenguaje humano y con mayor contenido en cuanto a lo que expresamos tanto voluntaria como involuntariamente". La forma de vestirnos, el perfume que elegimos, los diseños o frases en nuestra ropa, la manera de sentarnos, todo transmite información a los demás que es posible de ser "leída". Imaginemos a una persona vestida con un traje oscuro, con los pelos de punta, con tatuajes en el rostro. ¿Qué nos transmite? ¿Paz, peligro, temor, coraje, simpleza, humildad, espiritualidad?

En este reto nos concentraremos en los gestos, aquello que se dice con el cuerpo, una de las comunicaciones más usadas, aún más que la palabra. Según C. Knight, solo se transmite el tres por ciento a través de las palabras.

Desde diversas disciplinas se ha estudiado esta forma de comunicar mediante el cuerpo. Gracias a la Antropología de la Gestualidad o Antropología Visual podemos conocer diversas formas comunicativas. Juntar el dedo índice y pulgar para decir "OK" en Japón significa "pedir dinero". Algo parecido sucede con el signo "V de Vendetta". En mi país significa "victoria". Es muy usado por los políticos en las fotos junto a una enorme sonrisa. También como "victoria" fue popularizado por Churchill durante la Segunda Guerra Mundial. Pero este significado no posee validez universal. En algunos sitios podrían interpretar que se solicita "dos" panes o como un insulto.

Este tipo de comunicación puede ser incorporada en una novela o un cuento. Si les sucede como a mí que ven a los personajes actuar como en una película, percibirán hasta sus gestos y muecas. A veces, hasta podemos pecar de redundantes al escribir: "Él miró fijo, con enojo y gritó". "Mirar fijo" ya nos habla de alguien que desafía. Además, él "grita", en este contexto, porque está enojado y no porque la otra persona está lejos. Encima, le decimos al lector, por si no le queda claro, que él estaba enojado. Es decir, creemos que nuestro lector no se dará cuenta. Quizás podríamos resumir su estado emocional con un gesto corporal y, de paso, dejamos al lector que se incluya con sus deducciones.

Para ilustrar todo lo anterior, cito dos ejemplos extraídos del libro de Roger Axtell.

> Un adolescente norteamericano estaba haciendo auto-estop en Nigeria. Pasó por la carretera un coche ocupado por gentes del lugar. El coche se detuvo de golpe. Sus ocupantes bajaron y se pusieron muy desagradables con el joven. ¿Por qué? Por que en Nigeria, el gesto de utilizado normalmente en América para hacer *autoestop* (el pulgar extendido hacia arriba) está considerado como una señal de muy mal gusto.

> En 1988, en Los Ángeles, un actor de variedades tai-landés fue condenado por homicidio en segundo grado co-metido contra la persona de un laosiano de 29 años. El actor estaba cantando en un cabaret tailandés cuando el laosiano, un cliente, colocó su pie sobre una silla, con la suela dirigida hacia el cantante. Cuando el cabaret cerró sus puertas, el cantante siguió al laosiano y lo mató de un tiro. ¿Por qué? Entre las gentes del Sudeste asiático, el mostrar o dirigir la suela del zapato hacia otra persona está considerado como un insulto gravísimo.

TE RETO A

Escribir una escena en la cual la malinterpretación de un gesto dispara un conflicto o un suceso humorístico.

Nunca comieron perdices

Tipo de reto: fragmento

Al terminar de leer algunas novelas, se me ocurren otros sucesos que podrían haber vivido los protagonistas. Cuando uno disfruta de un mundo ficcional, no quiere abandonarlo; quizás sea la causa de las sagas interminables de miles de hojas, de los *roleplay* donde uno asume, al estilo de un actor, la identidad de un personaje. Hace unos años había experimentado una de estas propuestas donde nos creábamos un perfil como un habitante de Pandora, el universo ficticio de Avatar. Fracasé por mi inglés horrible, pero me permitió contactar con el fenómeno de sagas y series cuyos fanáticos continúan recreando, amplían y complejizan guiados tan solo por la imaginación. Incluso, leí algunos *fanfiction* que retoman la historia final planteada en un videojuego. Cuando jugué a *Fallout* o *Mass Effect* tampoco quería dejar ir a los personajes y a ese mundo en el que había vivo, casi literalmente.

TE RETO A
Escribir el final del final de una novela que te haya gustado. Puedes optar por un videojuego, una serie o una película.

Con - Cómic 1

Tipo de reto: plástica

En este reto vamos a recolectar revistas o periódicos para usarlos para crear nuestra hoja de tira cómica. Si te gusta dibujar, podrás agregar tus producciones. El resultado será una mezcla entre un cómic y un collage. No te olvides de escribir el título de la historia, inventar el nombre de tus personajes y el lugar. Asimismo, si es necesario, podrás anexar unas palabras para introducir la acción.

TE RETO A

Armar dos hojas de un cómic.

SALVAVIDAS

-En una hoja, pega personajes y elementos. Arma unos cinco cuadros al estilo de un cómic.

-Usa una hoja apaisada u horizontal y dóblala en dos así tendrás la portada y las hojas interiores para la mini revista.

-Dibuja globos de diálogo y escribe aquello que dicen los personajes en lápiz. Cuando estés seguro, remárcalo con tinta.

-Si sabes usar editores digitales de imágenes, puedes escanear la página para colorearla o escribir el texto directamente en el procesador.

Últimas palabras

Tipo de reto: lista

Continuamos con la temática propuesta para el reto "Uno nunca conoce el final". En este caso, inventaremos las últimas palabras dichas por un personaje antes de morir e intentaremos que sean coherentes con su estilo de vida. Estas palabras nos permitirán mostrar su personalidad. No es lo mismo lo dicho por una persona que teme a la muerte porque ama a la vida, que alguien que está a punto de suicidarse porque fue abandonado por su amor.

TE RETO A

Escribir una lista de frases que podrían ser dichas por un personaje antes de su muerte.

SALVAVIDAS

Registra bajo qué circunstancias fueron dichas, en qué lugar se encontraba y algún detalle sobre la personalidad del personaje antes de comenzar el reto.

Manifiesto

Tipo de reto: fragmento

Un manifiesto es una declaración de principios o de estilos, escrito por una persona o un grupo de personas. Por ejemplo, el manifiesto de Tristán Tzara explica qué entiende por "dadá", cuáles son sus características. Además, un manifiesto puede funcionar como espacio para establecer diferencias con otros grupos políticos o artísticos.

Para comenzar con este reto, nos preguntaremos en qué creemos y los beneficios que esta creencia podría aportar a la humanidad, ya sea sobre el arte, aspectos políticos o filosóficos. En este manifiesto expondremos nuestras ideas y puntos de vista.

TE RETO A
Escribir un manifiesto sobre un área de interés que inicie con: "Yo (tu nombre) creo que...".

PARA INSPIRARSE
-*Primer manifiesto surrealista,* André Bretón.
-*Siete manifiestos dadá,* Tristán Tzara.

Discurso a favor del desarme

Tipo de reto: ensayo

¿Cómo podemos convencer a otra persona? Por las palabras. ¿Cómo podemos hacerle conocer el horror? Por las palabras. Contamos con palabras. Solo con palabras.

En octubre de 1940, Thomas Mann, exiliado en Estados Unidos ante el avance del nazismo en Europa, emitió una serie de discursos por radio para alertar a la población sobre el horror de la guerra y de los totalitarismos.

Justicia, libertad e iguales oportunidades para que todos participen en los bienes del mundo, deben ser los fundamentos de la paz venidera. El futuro pertenece a una asociación de pueblos libres, responsables ante su comunidad y dispuestos a sacrificar una anticuada soberanía nacional como ofrenda a su responsabilidad. Nadie debe tampoco pensar que este nuevo orden de los pueblos desee efectuarse con exclusión de Alemania. Todo aquello con lo que la propaganda les llena las orejas para que sigan con la sangrienta labor, lo que se les dice acerca de la aniquilación del pueblo alemán (y que supuestamente ha sido planeada por sus adversarios) es simple mentira y engaño. Piénsenlo, alemanes: el único obstáculo hacia una paz con justicia para todos es Hitler, con su sueño de someter al mundo. Tomen estos pensamientos en su ánimo y en su razón, y déjenlos madurar para su salvación y la salvación del mundo. (T. Mann, 2003)

Todos contamos con cierta energía que rebulle ante un tema: la guerra, el maltrato animal, el consumismo. En este reto te proponemos que encuentres ese germen de apasionamiento y escribas un discurso para ser leído en un programa radial. Como consejo, intenta enganchar la atención del lector u oyente desde la primera oración mediante una cita o un suceso sorprendente.

TE RETO A
Escribir un discurso para convencer a los oyentes sobre algún aspecto de tu interés.

Registra frases

Tipo de reto: plástica

Uno de mis pasatiempos de lectora es guardar frases, citas, versos. Al comienzo, registraba en papelitos; luego, en cuadernos. Al final, he terminado por llenar un archivo en *Word*. De esta manera, puedo releer esas palabras que me sorprendieron, que me permitieron analizar la realidad de otra manera. Suelo usar esas frases en hojas decoradas que pego en las paredes, cerca de donde escribo.

A continuación, comparto alguna de las citas que he coleccionado:

-Me miran y se ríen, mientras ríen me odian. En esa risa hay hielo. Nietzche

-Ha sido el amor, el amor consuelo del género humano, el que mantiene el universo, el alma de todos los seres sensibles, el tierno amor. Voltaire

-No es posible crear nada sin sacrificar algo importante, la propia existencia la mayor parte de las veces. Toda vocación implica el supremo sacrificio de sí. Mircea Eliade

-Un libro es un espejo; si un mono se mira en él, no puede reflejarse un apóstol. Litchtenberg

-Para neutralizar a los envidiosos, deberíamos salir a la calle con muletas. Únicamente el espectáculo de nuestra degradación humaniza algo a nuestros amigos y a nuestros enemigos. Cioran

TE RETO A

Inventar frases, escribirlas en hojas grandes para decorar tu rincón de escritura u otro espacio.

SALVAVIDAS

-Selecciona un tema y utiliza una lluvia de ideas.

-Amplia algunas de ellas hasta armar varias oraciones.

-Reescribe las oraciones y únelas hasta arribar a la frase final.

El genio

Tipo de reto: fragmento

Hay algunas historias que perviven durante generaciones y son recreadas en películas, musicales, series para adultos, series para niños, canciones, cuentos. Tal es el caso de *Aladino y la lámpara mágica*. ¿Quién no ha soñado con pedir deseos? Mi abuela, los días de luna nueva, pedía tres deseos a la luna ni bien la veía.

En este ejercicio, te propongo que imagines que estás frente a una lámpara mágica, que se asoma un genio y que tienes la oportunidad de solicitar tres deseos. Debes pensar bien cada uno de ellos. Ya conoces el dicho: "Cuidado con lo que deseas".

TE RETO A
Escoger tres deseos y explicar cómo ellos cambiarían tu vida si se cumpliesen.

Los quejicas

Tipo de reto: fragmento

En un reto anterior, "Mr. Quejaman", creamos un personaje quejoso. En este reto, lo dejaremos expresarse. Recuerda permitir "hablar" al personaje, no lo censures ni conviertas su voz en un anuncio neutro.

La situación que dispara este discurso podría ser una injusticia o un enojo ante un conflicto con otra persona.

TE RETO A
Escribir el monólogo de *Mr. Quejaman*.

SALVAVIDAS
-Antes de comenzar con el monólogo, describe dónde, cuándo sucede y cuál es el suceso detonante.

Se venden enrollafaldas

Tipo de reto: plástica

En el reto "Abrepapas" hemos creado una nueva mercancía. Pero para que alguien se fije en ella y la compre, debemos promocionarla. Busca tijeritas, lápices, revistas y hojas blancas.

TE RETO A
Crear un afiche publicitario para tu invento que incluya un eslogan para atraer compradores.

SALVAVIDAS
-Busca publicidades en las revistas y lee los eslóganes.
-¿Cuál es el punto fuerte de tu invento para que alguien desee comprarlo? ¿En qué ayuda? ¿Qué facilita? Concéntrate en estos detalles para aventar a tu invento al estrellato.

La moda y la muerte

Tipo de reto: diálogo

En *Prosas morales*, Giacomo Leopardi escribe un diálogo entre la Moda y la Muerte:

Moda: Yo soy la Moda, tu hermana.
Muerte: ¿Mi hermana?

Moda: Sí: ¿no recuerdas que las dos somos hijas de la Caducidad?

Muerte: ¿Qué tengo que recordar yo, que soy enemiga capital de la memoria?

¿Qué podría responder la Moda?

TE RETO A
Continuar el diálogo entre estos personajes.

Dímelo con música

Tipo de reto: lírico

Hace unos años, asistí a un evento de poesía en mi ciudad y disfruté mucho la lectura al ritmo de un violín. Luego, supe que este tipo de actuaciones donde se conjuga la palabra con la música se la conoce como *spoken world* o palabra hablada. Recordé un video que había visto sobre uno de mis cantantes favoritos, Leonard Cohen: *Sound of Silence*.

En este reto deberás escribir un breve poema o prosa poética para ser recitado acompañado de música instrumetal.

TE RETO A
Escribir un poema o prosa poética para ser recitado al ritmo de una canción.

SALVAVIDAS
-Busca una canción que podría relacionarse con el tono del poema que quieres escribir.

-Escribe el poema guiado por la emoción que despierta la música que has elegido.

-Lee el poema en tanto suena la canción. También puedes grabarte para escuchar el efecto producido.

Cazadores de historias

Tipo de reto: descripción

Las historias esperan a quien las escriba. No hay que ir a Tanzania ni vivir una vida de película. Hay que mirar, estar atentos, registrar ciertos detalles que nos llaman la atención. La historia puede llegar como una palabra suelta que repetimos durante días y que luego se asocia con otras hasta formar una idea; puede llegar como una imagen al estilo de una fotografía mental; también, como una primera oración o una sinopsis breve. El fermento que dará origen a estas protohistorias es nuestra vida, lo cotidiano, lo que nos rodea, lo que leemos, lo que vemos en la calle, en el cine, aquello que nos duele, lo que nos enerva.

En este reto deberás pasear a tu mirada, abocarte por un rato a registrar lo observado: la forma de caminar de una persona que es arrastrada por un perro, el sonido que hace girar la cabeza a varias personas en la calle, la trayectoria de las hojas que se desprenden de los árbol, los comensales que entran y salen en un café.

TE RETO A
Permanecer en un espacio público para observar los objetos, las personas y los sucesos. Registrar con detalle algunos aspectos de cada uno.

Cancionero

Tipo de reto: lírico

¿No te gustaría haber escrito esa canción que tanto te gusta o que esa canción termine de otra manera? Te proponemos que busques canciones que te han gustado o que no te han gustado para quitar y agregar tus versos.

TE RETO A
Modificar la lírica de una canción sin perder el ritmo ni el tema propuesto.

La medida de todo

Tipo de reto: lista

¿Cuál es la medida para calcular a un ser humano? Algunos dirán el metro, los centímetros, las pulgadas; otros, que no es posible medirlo porque el ser humano es inabarcable. Para Jaime Sabines, el hombre se mide por las lágrimas. Pero ¿cuál es la medida para medir al aire, los bosques, la vida, la muerte, el caos? En el siguiente poema del mencionado poeta, *Horal*, está su respuesta.

> El mar se mide por olas,
> el cielo por alas,
> nosotros por lágrimas.
>
> El aire descansa en las hojas,
> el agua en los ojos,
> nosotros en nada.
>
> Parece que sales y soles,
> nosotros y nada...

TE RETO A
Escribir una lista con todas las posibles maneras de medir al ser humano, al mar y al cielo con la fórmula de Jaime Sabines: "El hombre se mide por..."

$S+7$

Tipo de reto: reescritura

"S+7" no es un código secreto. Tampoco es un error de escritura. Es una fórmula para producir un texto nuevo creada por Jean Lescure en 1963. Esta reescritura consiste en cambiar cada sustantivo de un texto por la séptima palabra siguiente en el diccionario.

—¿La playa está cerca? —preguntó tras un carraspeo de lo más sexy.
—A un paseíto. Mucha gente alquila un coche, pero aquí no hay. Tienen que desplazarse a la isla de al lado y traerlo en el ferri.
—Bueno, me gusta andar. No tengo prisa por llegar a ningún sitio.
Pues para no tener prisa tienes pinta de ser capaz de llevarme muy rápido al orgasmo, vaya. (E. Benavent, *Mi isla*)

Texto resultante mediante la fórmula S+7:

—¿La *pleamar* está cerca? —preguntó tras un *carreta* de lo más sexy.
—A una *pasionaria*. Muchos *gentlemen* alquilan un *cochinillo*, pero aquí no hay. Tienen que desplazarse a la *isogamia* de al lado y traerlo en el *ferrovanadio*.
—Bueno, me gusta andar. No tengo *prisma* por llegar a ningún *sobaco*.
Pues para no tener *prisma* tienes *pintarrajo* de ser capaz de llevarme muy rápido al *orientador*, vaya.

Para complejizarlo, se pueden inventar otras fórmulas de reemplazo: adjetivo (A+3), verbo (V+15).
El siguiente es el texto resultante al usar la fórmula S+7, A+3 (adjetivo), V+5. Omití al verbo "estar" o "ser"):

—¿La *pleamar* está cerca? —*prelució* tras una *carreta* de lo más *sibarita*.

—A una pasionaria. Muchos gentlemen alternan un cochi-nillo, pero aquí no hay. Tienen que despoblar a la isogamia de al lado y tragar en el ferrovanadio.
—Bueno, me gusta anexionar. No tengo prisma por lloris-quear a ningún sobaco.
Pues para no tener prisma tienes pintarrajo de ser capaz de loar muy rápido al orientador, vaya.

TE RETO A
Cambiar un párrafo de un texto que hayas escrito o de una novela mediante la fórmula: S+7.

SALVAVIDAS
Inventa otras fórmulas y cambia el mismo texto usando cada una de ellas.

El oficio de ser un neutro

Tipo de reto: reescritura

En el reto "Esas malas palabras" hablamos sobre la impor-tancia de dotar de vida a los diálogos. En este reto vamos a hacer lo contrario, retomaremos el monólogo de nuestro personaje "Los quejicas" y lo convertiremos en un discurso artificioso, neutro y poco creíble.

TE RETO A
Reescribir el monólogo de *Mr. Quejaman*.

SALVAVIDAS
Compara los dos monólogos. ¿Cuál te parece una mejor op-ción? ¿Por qué?

Juancito siempre tiene razón 1

Tipo de reto: diálogo

Continuamos con el mismo tema del reto "Los genios y las frutas", pero ahora expondremos otras estratagemas de Schopenhauer. Aclaramos que el autor solo las numeró l, pero para facilitar la identificación, las hemos bautizado.

-Bombardeo de preguntas. Consiste en preguntar al adversario de manera detallada y reiterada a fin de que en alguna de estas preguntas responda lo que queremos que él admita.
-Contradictorio. Debemos estar atentos a lo dicho por el adversario para registrar alguna contradicción o si lo expuesto contradice alguna creencia que antes ha mencionado.

Pedro: Yo creo que el suicidio es una buena manera de escape.
Juan: Antes dijo que se fue de vacaciones para "escaparse de la realidad". ¿Por qué no se ha ahorcado? Si consigue una soga, encima, es gratis.

-El divague. Creo que es una de las que más he escuchado en los debates políticos. Sucede cuando el adversario cambia de tema y desvía el eje de la conversación.
-Un solo caso. Si el adversario apoya su razón en algo general que admite un solo enunciado que lo refute, al rebatir ese caso, demolemos su idea.

Pedro: Y bueno, Juancito, los mamíferos nacemos así, de la panza de la mamá.
Juan: No todos. El ornitorrinco pone huevos. Y es mamífero.

-El estallido. Encolerizar al adversario, en tanto asumimos una actitud que lo confunda. Podemos ser desfachatados, irónicos o enredarnos con sus dichos.
-El enroque. Consiste en dar vuelta el argumento de nuestro adversario.

Pedro: Es un niño, hay que tener paciencia con él.
Juan: Precisamente, como es un niño hay que corregirlo para que no se empecine con las malas costumbres.

-*Los "incultos".* Se responde con una idea, que sabemos que el otro no conoce, porque depende de un conocimiento muy técnico. Como es una idea inválida, quizás los oyentes se rían y el adversario resultará doblemente derrotado.

Pedro: Al formarse las primeras montañas, los materiales estaban en estado líquido por el calor, que era de unos 200 grados.
Juan: ¿Qué no has visto que hay montañas en las profundidades oceánicas? Con esa temperatura los mares hubieran burbujeado. Tan solo a 80 grados ya hubieran hervido y se habrían evaporado. Hoy no tendríamos mares.

Aclara Schopenhauer que el punto de ebullición no depende solo de la temperatura, sino también de la presión atmosférica, pero quien rebate, Juan, da por sentado que el adversario no lo sabe.

TE RETO A
Escribir un diálogo según una de las estratagemas enumeradas.

SALVAVIDAS
Escribe el debate entre dos personajes, candidatos en las fórmulas presidenciales próximas.

Hidromurias

Tipo de reto: fragmento

Para romper con la monotonía de la escritura formal de esquela creo que lo mejor es jugar con las palabras, como los niños que se ríen de los disparates que inventan. Ellos siempre me sorprenden con su caudal de creatividad. ¿Qué nos ha pasado? La educación y la escuela nos llevaron a pintar a todos los soles de amarillo. Imaginen la catástrofe cuando un niño pinta un sol de color negro, ese tono emparentado con la muerte y el luto.

Una jitanjáfora es una frase con palabras que suenan bien juntas. Uno siempre trata de buscar un mensaje a lo que lee, incluso, si esas palabras carecen de un sentido socialmente acordado. Una manera de "entenderlas" es relacionarlas con el contexto. Cuando leí el poema de Oliverio Girondo, "Mi Lumía", lo interpreté como un poema de amor de un hombre a su mujer llamada "lumía", "golosidalove". Esta última palabra me sonaba a "mi golosina del amor".

> Mi Lu / mi lubidulia / mi golocidalove / mi lu tan luz tan tu que me enlucielabisma / y descentratelura / y venusafrodea / y me nirvana el suyo la crucis los desalmes / con sus melimeleos...

Cortázar incorpora un fragmento de este estilo en *Rayuela*.

> Apenas él le amalaba el noema, a ella se le agolpaba el clémiso y caían en hidromurias, en salvajes ambonios, en sustalos exasperantes.

Para crear una jitanjáfora utilicé las palabras obtenidas en el reto "Se me cajuci la mandoca". Este es el resultado:

> Cuidado con el betalud. Algunos han perdido la bella testera. A otros se les ha palastarado el padecolo y han terminado todo cajuci, con la mandoca dada la volti como un cometa de gerroso. Por eso, cuando viene un betalud, hay que tener a mano un cucofofe, una panunca y una sirgonia. No hay orgullo más tiruleto que haber soprababo una tiscornia.

TE RETO A
Escribir una jitanjáfora que contenga más de veinte palabras.

Querido cuerpo

Tipo de reto: carta

¿Qué tanto te acuerdas de tus manos, de tus piernas, de tu boca? ¿Piensas en tu cuerpo? ¿Piensas en el cuerpo del otro? ¿Qué partes del cuerpo observas cuando conoces a una persona? Algunos dicen que lo primero que miran son los ojos.

La propuesta de este reto consiste en amigarte con ese fragmento tuyo con el cual estás conforme o con aquello que has descuidado. También es válido hablar de tu cuerpo en general.

TE RETO A

Escribir una carta dirigida a alguna parte de tu cuerpo, a tu cuerpo o al cuerpo de otra persona.

Extraterrestres

Tipo de reto: descripción

Se ha dicho tanto sobre los extraterrestres que ya tienen hasta rostro. Cada tanto alguien anuncia que ha sido abducido o que ha visto un OVNI. La literatura y el cine han fomentado un estereotipo de extraterrestre con ojos enormes y negros, cuerpo esmirriado, brazos largos. Año tras año, se adosan nuevas características. Incluso, les asignan autorías como la construcción de las pirámides o de las líneas de Nazca. Pero es en la literatura donde he encontrado una variedad enorme de especies alienígenas. La que más me ha llamado la atención es el mar unánime de *Solaris*, novela de Stanislaw Lem. En este caso, la especie es una masa gelatinosa que abarca todo un planeta. Bastante diferente es Gueden, el planeta creado por Úrsula Le Guin para *La mano izquierda de la oscuridad*.

El planeta tenía unos pocos grados de inclinación respecto a la eclíptica; no suficientes para diferenciar claramente las estaciones en las latitudes más bajas. Las estaciones no son un efecto hemisférico en Invierno sino global: resultado de una órbita eliptoide. En los lentos extremos de la órbita, en las vecindades del afelio, hay suficiente pérdida de energía solar como para perturbar las ya inestables condiciones del tiempo, y transformar el grisáceo y húmedo verano en un blanco y violento invierno. Más seco que el resto del año, el invierno sería la estación más agradable, prescindiendo del frío. El sol, cuando llega a verse, brilla en lo alto del cielo; no hay allí esa sangría de luz que se pierde en la oscuridad, como en las tierras polares de la Tierra, donde el frío y la noche llegan juntos. Gueden tiene un invierno brillante; amargo, terrible, y brillante.

En este reto deberás inventar una cultura alienígena diferente a la estereotipada. Crearás una nueva especie de ser vivo, con su nombre, forma física, tipo de alimentación, ciclo de vida, nombre de su planeta.

TE RETO A
Inventar una especie alienígena y a su planeta.

PARA INSPIRARSE
-*La guerra de los mundos* de H. G. Wells.
-*Solaris* de Stanislaw Lem.
-*Pórtico* de Frederick Pohl.
-*Guía del autoestopista galáctico* de Douglas Adams.

El día que Caperucita se comió al lobo

Tipo de reto: relato corto

Ya conocemos de memoria el final de los cuentos infantiles. Incluso, algunos niños hasta nos piden mil veces que narremos de nuevo el mismo párrafo tan solo para revivir la voladura de la casa de los tres cerditos o el enfrentamiento del Lobo Feroz a Caperucita. Pero ¿qué sucedería si cambiamos la historia? También podemos apelar a otros cuentos. Por ejemplo, un vampiro que se sacia al beber jugos de frutas, un Frankestein que se convierte en humano por completo.

TE RETO A
Reescribir un cuento alterando el final, un suceso importante o la personalidad del protagonista.

Mi amiga Eli

Tipo de reto: personaje

Mi padre tenía dos amigos invisibles. Cuando niña, mi mejor amiga era otra niña llamada Elizabeth, a la que le decía Eli. Ya puedo escuchar a algunos decir que era una "foreveralone". Pero los niños, y no tan niños, inventan amigos o seres imaginarios para que los acompañen en ciertos momentos de sus vidas; se convierten en un apoyo emocional, quien les ayudan a resolver algún conflicto, a pensar juntos decisiones de vida. Cuentan los vecinos que conocieron al escritor y pintor Henry Darger que creían que él recibía visitas porque escuchan diálogos y discusiones desde el departamento donde él vivía. Luego supieron que él nunca recibía visitas y que dialogaba solo, hasta alterando su voz. Quizás hablaba con sus personajes. ¿No constituye el apego por cierto personajes ficcionales una invención de amigos imaginarios?

No hace mucho leí la novela de Mattew Dicks, *Memorias de un amigo imaginario*, narrada desde la voz de Budo, el compañero especial de un niño que padece autismo. En la historia se describen los mundos invisibles de los seres imaginarios y sus peripecias para no desaparecer.

¿Has tenido un amigo de este estilo? ¿Aún lo tienes?

TE RETO A
Describir a tu amigo imaginario de la infancia o al actual.

SALVAVIDAS
-Si no has tenido ninguno o no recuerdas, puedes inventar a tu amigo imaginario ideal. Detalla qué le gusta comer, qué actividades prefiere, cuál es su momento del día favorito y otros aspectos que permitan darle cuerpo a ese ser construido solo con la fantasía.
-Este amigo puede tener el aspecto físico que desees; incluso, una entidad o un personaje de fantasía.

Carta a un personaje

Tipo de reto: carta

A veces, quisiéramos hablar con algún personaje de una serie de televisión o una película para decirle que ha hecho bien, que ha sido ingenuo o que compartimos su derrota. En los foros, los fanáticos se reúnen para discutir sobre el final de una serie y hasta continuar con la vida de los protagonistas en escritos que circulan entre ellos; incluso, con tanto éxito, figuran entre los mejores vendidos, tal es el caso de *Cincuenta sombras de Gray.*
¿Cuál ha sido ese personaje de película que se ha grabado en tu memoria? ¿Te animas a escribirle una carta como si él pudiera leerla? Puedes escribirle sobre un acto que él ha realizado y que alabas o criticas, aconsejarle una mejor decisión o dedicarle unas palabras de amor.

TE RETO A
Escribir una carta a un personaje de alguna película, serie, novela o videojuego.

Más malo que peor villano

Tipo de reto: personaje

Uno de los errores más habituales en la construcción de un personaje es transformarlo en una entidad chata, plana, estereotipada. Estos personajes prototipos pueden ser: la abuelita tierna, el empresario egoísta, la rubia ingenua, el villano de pelo negro, el adolescente rebelde. Estos tipos de personajes forman parte de los modelos que construimos a lo largo de nuestro desarrollo, relacionados con el lugar donde nacimos, nuestra familia, la educación recibida, es decir, nuestra socialización. Los reforzamos mediante los medios de comunicación, por ejemplo, la imagen de los latinos pobres en los noticieros, los "indios" que usan plumas en las películas. De tal manera, si solicitamos el dibujo de un "indio", se dibujará una persona con taparrabo, plumas en la cabeza, un arco y flechas. Esta experiencia la implementamos en una clase de magisterio y nos sorprendimos cuando todos dibujamos lo mismo.

En la realidad, las personas detentan una serie de rasgos diversos, de aspectos positivos y negativos. Una mujer puede ser una madre tierna, pero una empresaria tirana o, al revés, una madre agresiva y una empresaria desinteresada. El prototipo de la empresaria egoísta transforma al personaje en una figura de un solo plano, sin dimensiones ni volúmenes. Si en cambio, rompo la unión de lo empresarial a una mente fría y egoísta que piensa en beneficios e intereses, habré dicho algo distinto de lo esperado. Más aún, si sumo aspectos positivos y negativos, virtudes y defectos, lograré construir un personaje creíble y complejo.

Lo anterior es muy visible cuando hablamos de villanos. Si buscamos películas, encontraremos que el villano es tan maligno que resulta una parodia de la peor maldad. Lo mismo cuando esa mujer es mala y es mala hasta cuando hace un huevo frito. Su maldad se difunde a toda su vida: odia a las mascotas, odia a los niños, odia la paz, grita, se lleva mal con todo el mundo. Quizás algunos piensen que al mechar aspectos positivos y negativos nos reste un villano "tibio". Creo que es justo lo contrario, la maldad creíble es la que no es evidente y casi no la percibimos; esta maldad es la que más miedo produce. A este miedo se le suma el temor ante la incertidumbre, la duda mediante el arte de la sutileza.

Es importante que nos preguntemos, cada vez que desarrollamos personajes, si es creíble o si es un prototipo. Una manera consiste en cambiar los adjetivos que caracterizan al personaje por antónimos. Por ejemplo, empresaria "codiciosa" por empresaria "generosa". Luego, evaluamos si estamos conformes con el resultado.

TE RETO A
Crear un villano no prototipo e incluirlo en una escena en la cual se debate entre ser malvado o guiarse por la virtud (dilema moral).

SALVAVIDAS
-Anota las características que se te ocurren sobre un villano, tanto los aspectos de su personalidad como su físico, algunas experiencias de su infancia que lo marcaron.

-Crea al villano e incorpora virtudes. Quizás alguien pueda ser egoísta en algún aspecto, pero generoso en otras cuestiones. Por ejemplo, generoso con sus amigos y egoísta con los desconocidos.

En 2D

Tipo de reto: plástica

Muchos autores dibujan la ciudad donde se desarrolla la historia mediante mapas, planos de casas, porque les ayuda a no perderse al escribir, a tornar real a ese espacio imaginario. Otros describen ciudades que nunca han visitado gracias a conocerlas mediante mapas y fotografías, como es el caso de José Luis Sampedro que, para su novela *La sonrisa etrusca*, se valió de diversos documentos para ambientar las escenas en Turín.

Algunos de los mapas son tan famosos como sus novelas, tal es el caso de Hogwarts del mundo de Harry Potter, de la Tierra Media de J. R. R. Tolkien y Terramar de Úrsula L. Leguin.

Con las nuevas tecnologías es posible acceder a recorridos

virtuales, *blogs* de viajeros, álbumes de fotografías. Constituyen una ayuda muy valiosa para el escritor. Los recorridos de calles a través de *Google Street View* posibilita el acceso a los estilos arquitectónicos y a las formas de vida de lugares que quizás nunca conocimos. Incluso, me he valido de programas de arquitectos y diseñadores, de servicios gratuitos en línea, para confeccionar los planos de las casas de mis protagonistas.

TE RETO A
Inventar el mapa de un reino de fantasía, describir los lugares (ríos, aldeas, montañas) e inventar sus nombres.

SALVAVIDAS
-*Wasd2o*, canal de *Youtube*, explica su técnica para crear mapas de fantasía con la ayuda de porotos que distribuye en una hoja para armar islas y continentes. Pueden buscar estos videos bajo el título de *Drawing a fantasy map*, si bien está en inglés, se puede observar la técnica.
-Si te gusta la plástica, sobre un cartón duro, moldea una maqueta con el mapa de tu reino en arcilla o plastilina. Con escarbadientes puedes agregar carteles con los nombres.

Alquimistas

Tipo de reto: fragmento

¿De qué manera podrías relacionar un mortero, un libro y un fósforo? Me imagino la habitación oscura y húmeda de un alquimista. ¿Se te ocurren otras posibilidades?

TE RETO A
Escribir una escena que incluya a los objetos mencionados.

Paz de un bosque sumergido

Tipo de relato: lírico

Cada uno cree en cuestiones diversas. Algunos creen que existe un dios; otros, en la justicia, la madrugada, el poder de la magia. Veamos en qué cree la voz poética que habla en el siguiente fragmento del poema "Credo" de J. G. Ballard, publicado en 1984:

> Creo en el poder de la imaginación para rehacer el mundo, liberar la verdad que hay en nosotros, alejar la noche, trascender la muerte, encantar las autopistas, congraciarnos con los pájaros y asegurarnos los secretos de los locos.
> Creo en mis propias obsesiones, en la belleza de un choque de autos, en la paz del bosque sumergido, en la excitación de una playa de vacaciones desierta, en la elegancia de los cementerios de automóviles, en el misterio de los estacionamientos de varios pisos, en la poesía de los hoteles abandonados.
> Creo en las pistas de aterrizaje olvidadas de Wake Island, señalando a los Pacíficos de nuestras imaginaciones.

TE RETO A
Enumerar en una serie de versos todo aquello en lo que crees con la fórmula: "Creo en..."

Yo pienso en mémico

Tipo de reto: fragmento

¿Quién no ha recibido un *meme* y se ha partido de la risa? Los *memes*, esa amalgama entre imagen y frases, impactan por ser cortitos, humorísticos, paródicos, crípticos; retoman escenas de películas y las alteran, señalan hacia personajes conocidos, como Sheldon de la serie de *Big Bang Theory*; otros, insisten con humoradas de inspiración política. Pero los hay también aquellos cuyo objetivo es alertar contra la violencia, la matanza de animales u otros temas sociales contemporáneos. Pueden apelar a figuras reales o imaginarias, a sucesos pasados, ficticios, a un tema de interés en una región. Me resulta imposible compartir *memes* por este medio, pero existen muchas bases de datos *online* como *Know your meme*.

Estos *memes* son capaces de dar la vuelta al planeta en unos segundos, convertidos en virales, con millones y millones de envíos en los mensajes electrónicos y en las redes sociales. Pueden consistir en una foto manipulada por un editor de imágenes, pero también en video. Dentro estos últimos, uno de los que más recuerdo es el *Harlem Shake*.

Algunos me impactaron por su creatividad. No es fácil confeccionar *memes* y que perduren hasta convertirse en un nuevo personaje. Unos ejemplos:

-Una niña que siempre aparece en desastres, sonriendo. La foto original data de hace varios años.
-El *troll face*.
-Bob Esponja en miles de situaciones.
-Un gato que parece enojado: Grumpy Cat.

Parece que este fenómeno nos ha movilizado hasta generar, lo que yo llamo, un pensamiento *mémico*. He visto adolescentes reírse de alguien por parecerse a un *meme* de moda, rescatar determinadas situaciones que viven y narrarlas como si fueran partes de este tipo de propuestas, sacarse una foto y convertirse en una hilaridad, incluso, con el gesto copiado de uno de estos personajes. Sucede que luego la gente comienza a ver *memes* en todas partes, en las señales de tránsito, en la cara de alguien.

¿Has pensando alguna vez en *mémico*?

TE RETO A
Escribir un *meme* a partir de una imagen o un dibujo.

Pensamientos de espuma

Tipo de reto: relato corto

En el reto "Fábrica de oraciones" escribimos guiándonos por el azar. Alguna de estas oraciones podría expandirse en un relato corto.

Este método de incorporar el azar es excelente para romper los clichés porque nos propone palabras alternativas y combinaciones originales.

TE RETO A
Escribir un relato corto que incorpore alguna de las oraciones escritas en el reto mencionado.

Futuros

Tipo de reto: fragmento

El futuro se presenta como un tiempo huidizo. Uno de los signos de nuestra contemporaneidad es vivir para el presente, para el ahora. Ya forma parte del acervo común decir que el futuro depende de lo que hacemos en el presente. Pero nos aferramos al pasado por el temor al futuro, tiempo convertido en presente bajo la amenaza de extinción, de desastre inminente (A. Huyssen, 2001).

¿Qué sucedería si un meteorito dejara a la mitad del planeta sin vida? ¿Y si fuera posible un medicamento que extendiese la esperanza de vida a cuatrocientos años? ¿Y si llegaran de un planeta lejano y nos ofrecieran una energía ilimitada? ¿Y si retornara Jesús? Sobre este último tema trata El gran inquisidor de Fedor Dostoievski.

Es obvio que estos eventos mencionados cambiarían los sucesivos presentes de acá a doscientos años. No podemos saber con certeza los procesos sociales que generarán, las formas de gobierno y desarrollos políticos, pero somos capaces de imaginarlos. Muchas de las obras distópicas indagan sobre un futuro producto de algún acontecimiento puntual que ha sucedido en el pasado de ese tiempo ficcional.

TE RETO A
Escribir aquello que observa un personaje en el futuro según el impacto de un acontecimiento sucedido en el pasado.

SALVAVIDAS
-Piensa en un suceso y féchalo para evaluar los cambios que deben desplegarse en una profundidad temporal acorde. La evolución de una nueva especie ante la ausencia de luz solar por una catástrofe demanda miles y miles de años; en cambio, la crisis económica tras una guerra, unos cinco a diez años.

-Con la técnica lluvia de ideas registra aquellos acontecimientos que reflejarían el cambio en el futuro y luego elige solo uno de ellos: guerras, caída de meteoritos, colapso del sistema económico, agotamiento de un recurso energético, invasión de una especie de otro planeta, etc.

Escrito en cruz

Tipo de reto: fragmento

Un caligrama consiste en escribir una frase de tal manera que forme una figura en la hoja. Por ejemplo, puedo escribir un texto sobre la paz que adopte la forma de pájaro. He escrito, a modo de ejercicio, un poema sobre la muerte cuyos versos se ordenaban en una cruz.

Esta técnica ha sido muy usada por las vanguardias. Los caligramas de Guillaume Apollinaire son unos de los más conocidos.

TE RETO A
Escribir dos caligramas.

SALVAVIDAS
-Escoge una temática y escribe un texto breve o poema.
-Acomódalo sobre una hoja en blanco de manera que el texto reproduzca, además, una figura. Puedes usar colores distintos para separar las diversas partes o escribir sobre un papel colorido.

Una de cada veinte

Tipo de texto: fragmento

Una técnica que uso cuando me bloqueo es abrir un libro y señalar una palabra al azar. Hace unos años, buscaba una palabra alternativa a "juncos". Escribía sobre la muerte, el sonido de la respiración de un moribundo que un personaje asociaba con el viento a través de los juncos. Saqué de mi biblioteca el poemario de Vicente Aleixandre y, para mi sorpresa, señalé sin mirar la palabra "juncos". El poema se llamaba "vida". Como me gusta creer en los indicios mágicos y en el tarot, decidí que la palabra no debía ser reemplazada.
Comparto el poema Aleixandre.

> Un pájaro de papel en el pecho / dice que el tiempo de los besos no ha llegado; / vivir, vivir, el sol cruje invisible, / besos o pájaros, tarde o pronto o nunca. / Para morir basta un ruidillo, / el de otro corazón al callarse, / o ese regazo ajeno que en la tierra / es un navío dorado para los pelos rubios. / Cabeza dolorida, sienes de oro, sol que va a ponerse; / aquí en la sombra sueño con un río, / juncos de verde sangre que ahora nace, / sueño apoyado en ti calor o vida.

TE RETO A
Escribir un poema, carta o relato, de manera que, cada veinte palabras, deberás abrir un libro y seleccionar al azar la siguiente.

SALVAVIDAS

Si no quieres frenarte mientras escribes y contar las palabras, ten en cuenta la cantidad promedio de palabras que escribes en un renglón. Ingresa la seleccionada al azar, por ejemplo, cada tres renglones.

Diario de un escritor

Tipo de relato: fragmento

El trabajo de campo es una técnica usada por los antropólogos que permite estudiar las costumbres, acciones y representaciones de los grupos humanos. Quizás le interese indagar sobre las prácticas de los ancianos en un barrio, cómo se organiza un club de fútbol. El antropólogo asiste al lugar, observa, registra de primera mano, es decir, él mismo.

Los primeros trabajos de campo se desarrollaron en sitios lejanos al lugar de residencia del investigador. Bronislaw Malinowski, a partir de 1914, convivió durante años con un grupo de las Islas Trobriand. Durante su estadía, registró un diario en unos cuadernos o libretas, editados, mucho tiempo después, bajo el título de *Diarios de campo*.

En estos textos se registra información: dibujos de objetos, descripción de eventos, reflexiones, croquis de un lugar, tipos de plantas, se anexan folletos o materiales impresos. Es conveniente dejar un espacio para agregar más información con posterioridad.

No viajarás lejos para elaborar unas hojas de un diario de campo, sino que te pedimos que, inspirados en esos diarios de antropólogos, asistas a un evento y registres. Puede ser una salida al cine, al teatro, a una feria, a un partido de baloncesto, a una reunión del club de mascotas. A continuación te daremos una pequeña guía que puedes ampliar, no para llenar al estilo de un formulario, sino que son posibles aspectos a registrar:

-Día y hora del evento. Nombre del evento.
-¿Quiénes participan? ¿Cómo se distribuyen en el espacio? ¿Qué hacen? ¿De qué hablan? ¿Hay alguna palabra que repiten a menudo?

-¿Qué te parece el evento? ¿Qué sientes?

-¿Observas algún conflicto? ¿Sobre qué asunto?

-¿Puedes observar diferencias entre los asistentes? ¿En el habla, en lo que hace, en cómo se agrupan?

-Pega folletos, dibuja un croquis sobre el espacio.

-Agrega reflexiones personales.

Quizás en una novela desees usar una escena donde el protagonista asiste a un evento de carreras de caballos. Podría asistir al hipódromo y registrar el evento de esta manera. No significa que usaré todo lo registrado en la novela, ya que no es una nota periodística, pero contar con los detalles me ayudará a escribir con mayor exactitud. Incluso, podría observar a los asistentes e inspirarme en la construcción de algún personaje secundario. Estar allí nos permitirá registrar sonidos, olores, sensaciones, los gritos, palabras, la jerga de los jugadores. Ganaremos verosimilitud.

Es conveniente incorporar este tipo de registro, en nuestro caso deberíamos llamarlo del escritor, como una práctica a nuestras salidas. Es una forma fantástica de mantener la creatividad en ebullición.

TE RETO A

Armar un diario de campo de escritor, colocarle un nombre de fantasía y registrar un evento que suceda en el lugar donde vives.

El gato ha bebido leche

Tipo de relato: reescritura

En la introducción de *Ejercicios de estilo* de Raymond Queneau, escrita por Antonio Fernández Ferrer, se explica unas de las técnicas de reescritura inventadas por el grupo *Oulipo*. Esta técnica consiste en reemplazar las palabras de una oración por las definiciones de un diccionario. De esta manera, tendremos un primer texto ampliado. Podemos continuar repitiendo el mismo procedimiento una y otra vez. Como resultado, obtendremos un texto aún más amplio. A este ejercicio se lo llama *literatura definicional*.

Comparto el ejemplo que se menciona en la obra citada:

El gato ha bebido leche.

Texto ampliado 1:
El mamífero carnívoro digitígrado doméstico ha tragado un líquido blanco, de sabor dulce producido por las hembras de los mamíferos.

Texto ampliado 2:
Quien tiene tetas, come carne, camina sobre la extremidad de sus dedos y pertenece a la casa ha hecho descender por el gaznate al estómago un estado de la materia sin forma propia, del color de la leche, de impresión agradable al órgano del gusto y procurado por los animales del sexo femenino que tienen tetas.

TE RETO A
Ampliar, mediante esta técnica, una oración extraída de una obra literaria.

Sobre ruedas

Tipo de reto: diálogo

Es importante escuchar con atención, pero no por chismosos, sino por escritores. Esta atención nos permitirá dotar a nuestros personajes de credibilidad, de un habla que discurre como si el lector los pudiera escuchar.

El transporte público es uno de mis espacios favoritos de escucha. A veces, registro diálogos, remarco palabras, pienso en el oficio de esa persona, cómo vive. Es un buen entrenamiento para capturar "hablas" diversas.

Hace unos días, me sentí identificada al ver en la película *Author Anonymous* cuando uno de los protagonistas realizaba lo mismo, en un bar, con la mala suerte de ser descubierto por las dos mujeres que reconocieron que él registraba lo que ellas decían. Es oportuno considerar en qué lugar y sobre qué vamos a registrar para que no nos suceda lo mismo.

TE RETO A
Escribir un diálogo entre dos personajes a partir de registros escuchados en una plaza, en una cafetería o en un transporte público.

Recorta frases

Tipo de reto: fragmento

¿No has tenido que explicar una frase en algún examen? Si bien puede resultarnos tedioso en el contexto de una evaluación, es un buen disparador para escribir. Las frases pueden ser las pronunciadas por una celebridad, las que aparecen en los periódicos o de algún libro, aquellas que has marcado porque te gustó.

TE RETO A
Seleccionar una frase y escribir sobre ella, ampliando su idea o criticándola.

Conexión con los muertos

Tipo de reto: fragmento

Siempre me provocó miedo y fascinación la forma en que se comunica un médium con los muertos. Cuando tendría unos quince años, apenas si pude dormir luego de ver una película en la cual una mujer escribía poseía por el espíritu de una víctima de asesinato. Luego, nos entusiasmamos con mi hermano y una prima por revivir una experiencia similar. Inventamos una *ouija*, "jugamos" con una copa, escribimos en estado *mediúnico* por la noche y a la luz de unas velas. Luego, desistimos cuando tuvimos tanto miedo que ya no podíamos ni dormir.

Muchos años después, practicando escritura automática, recordé esa búsqueda de fantasmas. Ahora, en lugar de buscar aparecidos, busco personajes.

Comparto fragmentos de escritura automática, sin corregir, para que observen como discurre de manera espontánea.

> Más allá del mar, silencio. Más allá del temblor de la ola en la espuma, no hay palabras más allá de la esfera cristalina de un pez globo, silencio. Una lengua muda nos ata la muerte de todas las cosas ausentes. Silencio entre la primera ola y el último cardumen, entre tu lengua y la espera, quietud que es vencimiento ante la vida que te encrespa como una palabra ausente, silencio entre el último cardumen y la primera ola. Palabra como peces se anudan en la espuma y la nada, tu quietud, es un cardumen meditando entre una ola y otra ola, la muerte que aflora en la espuma sin palabras, el silencio te construye en el río que te jala hasta la última onda. Ausentes todas las cosas duermen en la espuma de las palabras.
>
> Todos nacemos para morir. Así se torna todo en una volatilidad funeraria. Las cosas descubren sus múltiples capas de sentido hasta ser la última sombra. Yo ruego a un costado de la noche por un velamen de estrellas tenebrosas. Mientras por las rutas viajan hacia la luz algunos autos, otros se encierran tras la puerta más chica y cantan de espaldas a la soledad. Yo rezo por la última espiga contenida en el último témpano, el final de una anémona sin su océano, una luciérnaga apagada que es más insecto que penumbra. Mientras este incienso recorre con el humo las habitaciones de la casa, se libra la última batalla en mi memoria. No hay textura más sublime que la sábana fría, el velo de tu cerebro cubierto de todos tus adioses. Vueltas sin rumbo se inscriben con la sacralidad de una primera palabra, la dicha de encontrarse entre números impares.

Este tipo de escritura fue usada por los surrealistas para producir textos originales, aunque también bastantes crípticos. Solo hay que volcar el pensamiento en un papel y sin detenernos. No podemos decir que no nos sale nada, ya que el pensamiento nunca cesa, salta de un lado a otro, de un libro que queremos leer, a nuestro juguete favorito de la infancia hasta la pizza que cocinaremos en la noche.

Escribe aunque sientas que es un disparate. Verás que a los minutos comenzarán a aparecer frases interesantes que querrás usar en algún escrito. Y si guardas esas hojas para leerlas en unos meses, te sorprenderás.

TE RETO A
Escribir una carilla de escritura automática.

Mi nido, mi templo

Tipo de reto: descripción

Ya hemos hablado en otra sección sobre el rincón de escritura. Si eres tan desordenado como yo, te rodearán parvas de papeles, pilas de revistas, tazas de café, una bufanda, un desodorante. También tengo papeles con frases, una mandala gigante que cuelga de un clavo, lucecitas blancas, unos dibujos.

¿Qué objetos has ordenado en tu rincón favorito? ¿Qué te rodea? ¿Cómo has conseguido a cada uno de ellos?

> Mientras no tengas un espacio propio, encontrarás bastante más laboriosa tu nueva decisión de escribir mucho.
>
> No es necesario que tu despacho exhiba un interiorismo a lo Playboy, ni que guardes los enseres de escribir en un escritorio colonial de los de persiana. Las dos primeras novelas que publiqué (*Carrie* y *El misterio de Salem's Lot*) las escribí en el cuartucho de lavar de una caravana doble, aporreando la Olivetti portátil de mi mujer y haciendo equilibrios con una mesa infantil en las rodillas. Dicen que John Cheever escribía en el sótano del bloque de pisos donde vivía, en Park Avenue, al lado de la caldera. El espacio puede

ser modesto (hasta es posible que deba serlo, como ya creo haber insinuado), y en realidad sólo requiere una cosa: una puerta que estés dispuesto a cerrar. La puerta cerrada es una manera de decirles a los demás y a ti mismo que vas en serio. Te has comprometido con la literatura y tienes la intención de no quedarte en simples promesas. (Stephen King, *Mientras escribo*)

TE RETO A

Describir tu rincón de lectura y elegir un objeto de ese lugar y narrar su trayectoria, desde que lo has conseguido hasta que llegó allí.

Ars poética

Tipo de reto: lírico

La poesía ha sido definida de muchas maneras. Algunos dicen que hay tantas definiciones como poetas; otros han apelado a expresarlo en un poema. A estos poemas se los conoce como *Ars poética* (arte poética). Por ejemplo, para Alberto Girri, poeta argentino, un poema es "una teología creadora de objetos que se negarán a ser hostiles a Dios".

Y para ti, ¿qué es la poesía?

TE RETO A

Escribir un poema o prosa poética sobre qué es la poesía según tu punto de vista.

Bicicletas y anteojos

Tipo de reto: lista

Una de las tareas más creativas de un escritor es observar el mundo como nadie lo hace. Según Cortázar, un anteojo es una bicicleta. Para Luis Mateos Diez "la nieve caía como la cigüeña que murió dormida en el campanario". ¿Se te habrían ocurrido estas comparaciones?

TE RETO A
Escribir comparaciones originales con diez sustantivos escogidos al azar del quinto libro de tu biblioteca.

Realidad y ficción

Tipo de reto: relato corto

Truman Capote escribió una novela sobre el asesinato de una familia de Kansas: *A sangre fría*. Él leyó la noticia mientras estaba en Nueva York. Para conocer el caso, viajó al lugar del crimen, entrevistó a las fuerzas de seguridad, contactó con los homicidas. Se ha denominado a este tipo de novelas, que cruzan lo ficcional con el testimonio y el periodismo, *novela testimonial*.

Estas propuestas no dejan de ser ficcionales, pero no todos comprenden el trabajo creativo, cuestión que puede derivar en malos entendidos. Tal es el caso de la novela *Chicas muertas* de la escritora argentina Selva Almada basada en tres femicidios de adolescentes acontecidos unos treinta años atrás. Una senadora repudió el libro, o a la autora, por "denegar la búsqueda de la justicia" (P. Kolesnicov, 2015). ¿Las injusticias se resuelven en un mundo ficcional?

TE RETO A
Escribir un texto a partir de un acontecimiento real.

SALVAVIDAS
-No es obligatorio que trate sobre un asesinato.
-Otros temas posibles: una inundación, la visita de una celebridad, el estreno de una película, la inauguración de una plaza.

El chirola

Tipo de reto: lista

A muchos de nosotros nos ha llamado de distinta manera, ya sea por algún talento, por nuestra manera de hablar o por alguna torpeza. Si nuestro nombre es muy largo, suelen abreviarlo de manera cariñosa. Además, en ciertos casos, estos sobrenombres pueden ser leídos como burlas, como una manera de ofender. En el ámbito de una novela podemos narrar sobre alguien que sufre por un mote. Por ejemplo, uno de mis personajes, Lala Egaña, sufre porque la llaman "lagañas".

Cortázar, en *Historia de cronopios y de famas,* cuenta sobre los apodos:

> Nos parece que no se puede atribuir un apodo cualquiera a alguien que deberá absorberlo y sufrirlo como un atributo durante toda su vida. Las señoras de la calle Humboldt llaman Toto, Coco o Cacho a sus hijos, y Negra o Beba a las chicas, pero en nuestra familia ese tipo corriente de sobrenombre no existe, y mucho menos otros rebuscados y espamentosos como Chirola, Cachuzo o Matagatos, que abundan por el lado de Paraguay y Godoy Cruz. Como ejemplo del cuidado que tenemos en estas cosas bastará citar el caso de mi tía segunda. Visiblemente dotada de un trasero de imponentes dimensiones, jamás nos hubiéramos permitido ceder a la fácil tentación de los sobrenombres habituales; así, en vez de darle el apodo brutal de Ánfora Etrusca, estuvimos de acuerdo en el más decente y familiar de la Culona.

TE RETO A
Escribir varios sobrenombres a personajes de novela, película o series de televisión.

La sombra de tu sombra

Tipo de reto: relato corto

"No me dejes", "Yo te ofreceré perlas de lluvia traídas de países donde no llueve, cavaré la tierra hasta la muerte para cubrir tu cuerpo de oro y de luz", "Déjame ser la sombra de tu sombra, la sombra de tu mano, la sombra de tu perro". Las frases pertenecen a la lírica de la canción *Ne me quitte pas*. El compositor escribe sobre la humillación a la que se ofrece quien ama con desesperación. Atrás de esta canción, hay una historia de dolor y sufrimiento, el que padeció la amante del compositor Jacques Brel. Recomiendo la versión cantada por Mireille Mathieu.

TE RETO A
Escribir un relato corto inspirado en la lírica de *Ne me quitte pas*.

Si volvemos a vernos

Tipo de reto: carta

Se conservan muchas cartas que los soldados les escribieron a sus familiares. Algunas, con la esperanza de volver a verse, como la carta de despedida de Iván Kólosof, un soldado ruso que, herido de muerte dentro del tanque, le escribe a su esposa:

Querida Varia. No, no volveremos a vernos (...).Las personas envejecen, pero el cielo es siempre joven, como tus ojos, que es imposible dejar de admirar. Nunca envejecerán, ni dejarán de brillar. Pasará el tiempo, las heridas cicatrizarán, se construirán nuevas ciudades, se plantarán nuevos jardines. Llegarán otras vidas, cantarán otras canciones. Pero nunca olvidéis la canción de los tres tanquistas. Tendrás hijos preciosos, volverás a querer. Pero yo me voy, os dejo sintiendo un gran amor hacia ti.

Durante la Guerra de Malvinas, los niños pequeños escribieron cartas a los soldados que luchaban en las islas. Algunos, ocultaban estos textos dentro de golosinas para que los soldados los descubrieran al intentar sobreponerse del frío con un chocolate. Muchos años después, incluso, se han reencontrado esos niños, ya adultos, con quien recibió la carta.

TE RETO A
Escribir la carta que un soldado envía a un ser querido que comience con la frase del título: "Si volvemos a vernos".

Piedras de colores

Tipo de reto: lista

Hay palabras que suenan bonitas: "caricia"; otras, como un golpe: "batón". En el año 2006, para unos cuarenta mil usuarios de Internet "amor" fue la palabra más bella. Le siguieron en orden de votación: "libertad", "paz", "vida", "azahar", "madre", "esperanza".

Las palabras pueden evocar sentimientos y recuerdos, son transmisores poderosos de sentidos que cambian de manera permanente, caducan, se acuerdan nuevos. Existen significaciones tanto sociales como individuales. Las primeras son aquellas que se fijan por convención. En un diccionario se listan todos los significados posibles y aceptados en un acuerdo social. Además, las palabras poseen significados que los individuos anexan. Por ejemplo, "zapatillas" puede recordarme a Navidad, ya que era el regalo favorito y que siempre solicitaba a Papá Noel.

> Amo tanto las palabras... Las inesperadas... Las que glotonamente se esperan, se acechan, hasta que de pronto caen... Vocablos amados... Brillan como piedras de colores, saltan como platinados peces. Son espuma, hilo, metal, rocío... Persigo algunas palabras... Son tan hermosas que las quiero poner todas en mi poema... Las agarro al vuelo, cuando van zumbando, y las atrapo, las limpio, las pelo, me preparo frente al plato, las siento cristalinas, vibrantes, ebúrneas, vegetales, aceitosas, como frutas, como algas, como ágatas, como aceitunas... Y entonces las revuelvo, las agito, me las bebo, me las zampo, las trituro, las emperejilo, las liberto... Las dejo como estalactitas en mi poema, como pedacitos de madera bruñida, como carbón, como restos de naufragio, regalos de la ola... Todo está en la palabra... Una idea entera se cambia porque una palabra se trasladó de sitio, o porque otra se sentó como una reinita adentro de una frase que no la esperaba y que le obedeció... Tienen sombra, transparencia, peso, plumas, pelos, tienen de todo lo que se les fue agregando de tanto rodar por el río, de tanto transmigrar de patria, de tanto ser raíces... Son antiquísimas y recentísimas... Viven en el féretro escondido y en la flor apenas comenzada (Pablo Neruda, *Confieso que he vivido*).

Cuando leemos cualquier texto, desde un poema a una novela, las palabras se anudan, se refuerzan, generan una cierta melodía. Pero no siempre suena bien por más que sea correcta su escritura debido a las rimas molestas, una serie de repeticiones que alteran el ritmo de lectura. El lector queda pegado a ese cantito, a ese ritmo que se nos ha colado en el texto. Una rima tonta se corrige quitando o reescribiendo uno de los términos. Siempre se corrigen, salvo que busquemos ese efecto.

Las "rimas tontas" son cacofonías, repeticiones de sonidos. Se pueden pensar como la transformación involuntaria de una prosa a versos. Un ejemplo de lo más exagerado: "El camión partió de la estación. Él se paró junto al camino y optó por el aventón. Y todo resultó por haber perdido un avión".

Se podría escribir en verso de la siguiente manera:

El camión partió de la estación.
Él se paró junto al camino y optó
por el aventón.
Y todo resultó
por haber perdido un avión.

Como poema, además, tampoco funciona.

Hay varias maneras de corregir lo anterior, como expresamos: mover las palabras de lugar alterando el orden de la oración, reemplazarlas por sinónimos o incorporar una oración intermedia para alejar las palabras que repiten sus sonidos.

Para encontrar las cacofonías se debe leer el texto en voz alta. Al escucharnos en el cambio de entonación ante una rima no buscada, en lo difícil que se torna leer unas palabras con sonidos similares, detectamos los momentos cuando el ritmo del texto pierde fluidez y frena la lectura, dejan al lector detenido en búsqueda de aquello que el autor nos remarca. Peor es el caso de cacofonías similares con palabras que son nuestras muletillas. Es posible que el lector termine la novela y se pregunte qué sucedió con eso que se resaltaba, pero que el autor no dijo nada más. Ese aspecto de la obra que quedó sin resolverse es conocido como cabo suelto y, si no se ata, suele dejar al lector bastante enojado.

TE RETO A
Confeccionar una lista de palabras bonitas que te gusten por su sonoridad.

Eternidad

Tipo de reto: relato corto

Dicen que una buena imagen vale por mil palabras. Hay imágenes que perviven en la mente durante años. Aún recuerdo esa fotografía de una niña escapando de unas bombas, escenas de ciertas películas como las bicicletas flotando en *Mr.Nobody*. Podemos utilizar el potencial de las fotografías como disparadores para escribir cuando estamos en esos momentos de la hoja en blanco.

Toda imagen nos ofrece una historia. La fotografía urbana o testimonial, sobre todo, condensa información, aporta ideas, sentimientos. Incluso, algunos escritores han dicho que la primera idea de una novela les llegó en una imagen.

Quizás la fascinación por la fotografía recae en que ella atrapa a la eternidad, domina al tiempo. "Lo que la Fotografía reproduce al infinito únicamente ha tenido lugar una sola vez: la Fotografía repite mecánicamente lo que nunca más ha de repetirse existencialmente" (R. Barthes, 2003).

TE RETO A
Escribir un relato a partir de una serie de fotografías ordenadas en una secuencia.

FOTÓGRAFOS PARA INSPIRARSE
-Diana Arbus
-Lewis Hine
-Henri Cartier-Bresson
-Francesc Català Roca
-Robert Capa
-Martín Chambi

Con-Cómic 2

Tipo de reto: relato corto

Algunos cuentos pueden terminar siendo novelas o ensayos. Lo mismo puede suceder con una nota periodística que inspira a filmar una película o a escribir un poema. Es más, en algunos retos te hemos desafiado a transformar una canción en cuento. Algunas historias se plasman en infinidad de formatos: películas, libros, videojuegos.

En el reto "Con-Cómic 1" hemos creado un cómic valiéndonos de figuras de revistas. Ahora vamos a transformarlo en diálogo para ser incorporado en un relato corto.

Escribir una escena que incorpore el diálogo creado en el reto "Con-Cómic 1".

Detective Preston

Tipo de reto: fragmento

Ya hemos hablado de la comunicación no verbal en otros apartados. En este reto, continuamos con el mismo tema aunque con otra propuesta.

El detective Preston es un investigador privado que trabaja junto con un policía. Una mañana, los dos interrogan a un sospechoso. El policía requiere la presencia de Preston porque es un experto en descifrar el lenguaje corporal y deducir si el sospecho miente a través del timbre de voz, de la manera en que esquiva la mirada o aprieta los labios.

TE RETO A
Escribir dos escenas. Una primera escena con el interrogatorio de un sospecho por parte del detective Preston y el policía. Una segunda escena en la cual Preston fundamenta al policía sus motivos por los cuales sospecha que el interrogado ha mentido.

Chucena

Tipo de reto: fragmento

De niña me encantaban los trabalenguas, quizás porque nunca fui capaz de decirlos sin un error. Aún me acuerdo el de María Chucena:

María Chucena techaba su choza
y un techador que por allí pasaba le dijo:
María Chucena, ¿techas tu choza
o techas la ajena?
Ni techo mi choza ni techo la ajena,
que techo la choza de María Chucena.

Cuando releo lo que escribo, algunas veces, encuentro varias palabras que forman un todo ilegible. Me causa gracia y me acuerdo de María Chucena. Pero si es una historia dramática, no es muy grato que el lector se desarme de la risa por una serie de palabras que riman. Una buena manera de detectar los trabalenguas es leer el manuscrito en voz alta.

TE RETO A
Escribir un trabalenguas.

SALVAVIDAS
-Escribe una serie de palabras con sonidos semejantes y acomódalas hasta formar frases con sentido.
-Une las frases en un poema.

Entrevista a medida 1

Tipo de reto: fragmento

Anticipando tu vida de celebridad, te retamos a que respondas una entrevista. Para ello, hemos elegido varias preguntas dirigidas a escritores famosos. También puedes obviar estas preguntas y responder aquellas que inventes o extraigas de otras entrevistas.

Entrevista a (tu nombre):
-*¿Desde cuándo escribes?*
-*¿Qué autores influyeron en tu escritura?*
-*¿Tienes alguna manía a la hora de escribir?*

-¿Cuál sería tu principal mensaje cuando te otorguen el premio Nobel?

TE RETO A
Responder las preguntas listadas con anterioridad.

Cry me a river

Tipo de reto: relato corto

Cry me a river ("Llórame un río) es una canción compuesta por Arthur Hamilton en 1953. Ha sido cantada por Ella Fitzgerald, Julie London y hasta en otros idiomas, por ejemplo, la versión en español de La Torre, cantada por Patricia Sosa.
La lírica narra una ruptura amorosa:

> Ahora me dices que te sientes solo / y que has llorado por mí toda la noche. / Bueno, llorarme un río. / Yo he llorado un río por ti. / Ahora dices que lo sientes / por haber sido tan falso. / Me manejaste / hasta volverme loca. / Mientras que nunca derramaste una lágrima. / Y ahora dices que me amas. / Ven, pruébalo. / Llora un río por mí.

¿Se imaginan la historia que podría contarse a partir de esta canción?

TE RETO A
Narrar un relato corto sobre la historia de desamor a partir de la lírica *Llórame un río*.

A mi yo del futuro

Tipo de reto: carta

Clifford Geertz (1973), un antropólogo norteamericano, dijo que cada uno nace con la posibilidad de vivir una infinidad de vidas, pero termina viviendo solo una. Lo mismo podríamos decir que cada minuto somos alguien diferente si consideramos a la existencia un cambio continuo.

> Uno de los hechos más significativos que nos caracterizan podría ser en definitiva el de que todos comenzamos con un equipamiento natural para vivir un millar de clases de vida, pero en última instancia sólo acabamos viviendo una.

Este reto consiste en escribir una carta para ser leída por tu yo del futuro. Le asignarás una fecha y será guardada en algún lugar privado, por ejemplo, enterrada en una latita, dentro de un cajón. También puedes enviártela por correo así permanecerá sellada.

TE RETO A
Escribir una carta para ser leída en tu futuro y que incluya: un recuerdo, unas palabras de aliento y una profecía.

Mezcla versos

Tipo de reto: lírico

A Raymond Queneau le debemos muchos ejercicios de escritura mezcla de disparates y de juegos. En 1960, fundó un taller literario conocido como *Oulipo* junto al matemático François Le Lionnais. Ellos proponen una manera de crear en la intersección entre la matemática y palabra: se cambian palabras según un orden numérico, se inventan procedimientos para la creación de poemas u obras narrativas.

En el 2011, en homenaje a Queneau, Demipage editó un libro que permite combinar versos hasta alcanzar millones de textos. *Cien mil millones de poemas* es el título de esta obra fuera de lo común, compuesta por hojas cortadas en cada verso, de manera que uno puede combinarlos de diferente manera.

TE RETO A
Crear un poema a partir de mezclar versos de otro poema.

SALVAVIDAS
-Copia o imprime el texto en una hoja. Corta cada verso.
-Inventa una serie de versos. Córtalos como los anteriores.
-Mezcla todas las tiras y arma un nuevo poema.
-Enumera los versos y regisstra los números en papeles para ser extraídos al azar.

Romper el orden

Tipo de reto: fragmento

Hace unos años, alguien me dijo que escribía mal porque en la oración alteraba el orden. Por orden entendían la estructura de una oración simple: sujeto y predicado. Por ejemplo, "la rana salta de charco en charco". Estaba mal decir: "Salta, de charco en charco, la rana". Sin embargo, según nuestro idioma, ambas oraciones son correctas siempre y cuando indiquemos las alteraciones mediante el uso de comas.

Aconsejan que cuando estamos corrigiendo una novela y la oración no nos suena bien, busquemos el sujeto y el predicado para ordenarlos en una estructura de oración simple. A veces, lo que suena mal se debe a un desorden que, si bien no está mal escrito, puede resultar artificioso. Stephen King, por ejemplo, recomienda no usar la voz pasiva.

Según mi punto de vista, es el contexto general del párrafo el que te indicará la mejor ordenación. Y si lo lees en voz alta, te darás cuenta si suena bien. "Si suena bien, está bien", decía Borges.

TE RETO A
Alterar el orden de una oración simple tantas veces como puedas y marcar aquellas que te suenan mejor.

Instrucciones

Tipo de reto: fragmento

Durante un día realizamos cientos de acciones, la mayoría de ellas tan solo por rutina. ¿Por qué los argentinos levantan la mano para detener un ómnibus? ¿Por qué cuando lavamos los platos y revolvemos el café movemos la mano, por lo general, siguiendo la dirección de las agujas del reloj? ¿Por qué soplamos velas en los cumpleaños? Lo hacemos porque así lo aprendimos; forma parte de una danza corporal que no se discute, del "deber ser". Lo antropólogos lo llaman "lo obvio" que se cristaliza en la conciencia práctica, esa forma estereotipada y rutinaria de actuar (G. Lins Ribeiro, 1989). Cuando preguntamos por qué soplas velas en tu cumpleaños, podemos recibir muchas respuestas, en su mayoría apelarán a la costumbre.

Son los niños, en pleno proceso de incorporar el "deber ser", aquellos que más se preguntan los motivos de bañarse por la noche, comer cuatro veces al día, peinarse antes de salir a la calle, etc.

¿Qué pasaría si tuviéramos que guiarnos por instrucciones? Pudiera suceder que mi memoria fallase y deba aprender a destapar una botella cada vez que lo necesite. Cortázar ha escrito diversos textos con instrucciones para subir una escalera o para dar cuerda a un reloj. Nos parecen divertidos porque nos cuentan lo obvio. ¿Qué sucedería si tuvieras que leer instrucciones de cada acción que realizas durante un día porque lo olvidas de manera constante?

Las escaleras se suben de frente, pues hacia atrás o de costado resultan particularmente incómodas. La actitud natural consiste en mantenerse de pie, los brazos colgando sin esfuerzo, la cabeza erguida aunque no tanto que los ojos dejen de ver los peldaños inmediatamente superiores al que se pisa, y respirando lenta y regularmente. Para subir una escalera se comienza por levantar esa parte del cuerpo situada a la derecha abajo, envuelta casi siempre en cuero o gamuza, y que salvo excepciones cabe exactamente en el escalón. (J. Cortázar, 2007)

TE RETO A
Escribir las instrucciones para descorchar una botella de champagne.

Preguntas literarias 1

Tipo de reto: fragmento

¿Eres una persona que te cuestionas seguido? ¿Registras esas preguntas? ¿Buscas respuestas en los demás?

Así como nosotros nos hacemos preguntas, también lo hacen los personajes. Y más aún, hay quienes preguntan y se responden sin esperar a que los demás ofrezcan alguna respuesta, como se lee en el siguiente párrafo de *La peste* de Albert Camus:

Pregunta: ¿qué hacer para no perder el tiempo? Respuesta: sentirlo en toda su lentitud. Medios: pasarse los días en la antesala de un dentista en una silla inconfortable; vivir el domingo en el balcón, por la tarde; oír conferencias en una lengua que no se conoce, escoger los itinerarios del tren más largos y menos cómodos y viajar de pie, naturalmente; hacer la cola en las taquillas de los espectáculos, sin perder su puesto, etc.

Un hada en patineta

Tipo de reto: relato corto

Hasta el cansancio, aprendimos los cuentos que nos contaban de niños. En mi caso, aún recuerdo *Pulgarcito* y *El flautista de Hamelín*. Memoricé nombres de objetos de otras épocas que ya no se usaban o palabras que desconocía, diálogos, vestimentas, habitaciones. Incluso, me acuerdo de colores, de las ilustraciones que hace más de veinte años que no he vuelto a ver.

Los tres chanchitos nacían en la misma choza, en el campo, según la versión de mi libro. Nunca se me ocurrió que ellos pudieran vivir en Nueva York. Entonces, el problema del Lobo ahora sería tirar abajo a un rascacielos tan solo con un soplido. ¿Podría contratar a un gigante o usaría una turbina de avión?

TE RETO A
Ambientar un cuento clásico en una ciudad del presente.

Mitológicas

Tipo de reto: personaje

Los mitos, los cuentos, las fantasías, los miedos, son poblados por seres extraños, mitad una cosa y mitad otra. Algunos ejemplos: la serpiente emplumada (divinidad maya); el Pegaso, mitad caballo y mitad ave; el grifo, mitad león y mitad águila; el centauro, parte caballo y parte humano. Algunas veces, esta combinación conjuga el poder de cada una de las especies.

¿Cómo podría llamarse un ser mitad oruga y mitad loro? *¿Lo-ruga?* ¿Qué comería? ¿Cómo nació? ¿Cuál es su nombre?

TE RETO A

Armar un ser fantástico con la mezcla de diversos seres.

SALVAVIDAS

-Haz una lista de partes anatómicas de animales y personas

-Saca tres de ellas al azar que corresponderán a la cabeza, las patas y el cuerpo. Esta combinación armará nueva especie o ente. Por ejemplo, cabeza de elefante, cuerpo de oruga y patas de loro.

-El nombre podrá ser elegido por combinación. Por ejemplo: "Lofega": "lo de "loro", "fe" de "elefante" y "ga" de "oruga".

Licenciado en Patafísica

Tipo de reto: fragmento

El Colegio de Patafísica fue fundado en 1948 en París por Alfred Jarry, una ironía hacia los colegios de ciencia y las academias. "Patafísica" alude a lo que está más allá de la física.

> La patafísica es la ciencia de las soluciones imaginarias, la ciencia actual se basa en el principio de la inducción: la mayoría de los hombres vieron que tal fenómeno precedía a otro y de ello infieren que siempre será igual. En vez de enunciar la caída de los cuerpos hacia un centro, ¿por qué no se prefiere la del ascenso del vacío hacia una periferia? (J. Bertazza, 2009)

Con posterioridad, varios artistas se agruparon para continuar con este colegio, entre ellos Boris Vian. Esta ciencia inventada goza de varias especialidades: Liricopatología y Clínica de los retoriconosos, Pedología y Adelfismo, Alcoholismo estético, etc. Además, cuenta con un calendario que arranca con la natividad de Alfred Jarry, el 8 de septiembre.

En este reto tendrás que crearte un nombre como parte de tu currículum patafísico y escribir un artículo, sobre un fenómeno científico imaginario, para una de las Subcomisiones siguientes: de los Espíritus, de las Ciencias Inexactas, de las Epifanías.

TE RETO A
Escribir un artículo patafísico bajo un seudónimo.

NOVELAS PARA INSPIRARSE
Los siente locos y *Los lanzallamas* de Roberto Arlt.

El arte de debatir

Tipo de reto: ensayo

Un debate permite exponer las ideas sobre un tema tanto como demostrar las capacidades de oratoria. Es una estrategia usada en las aulas y hasta se celebran torneos universitarios de alcance mundial.

Durante los debates, se contraponen diversas opiniones mediante varios formatos: en torno a una pregunta, un enunciado afirmativo, elaborar un argumento o un enunciado negativo.

TE RETO A
Debatir, por escrito, las ideas expresadas en un artículo de periódico, una revista o una conferencia.

PELÍCULAS PARA INSPIRARSE
- *El gran debate* (2007) de Denzel Washington.
- *La herencia del viento* (1960) de Stanley Kramer.

SALVAVIDAS
-El tema puede ser uno que domines o sobre una problemática actual, por ejemplo, la experimentación con animales.

Bujías

Tipo de reto: lista

Todos poseemos palabras favoritas. Algunas se convierten en nuestras muletillas. Cuando escribimos, solemos repetir algunas de ellas. Cada vez que leo "bujía", por ejemplo, recuerdo a Olga Orozco.

> Amé la soledad, la heroica perduración de toda fe, / el ocio donde crecen animales extraños y plantas fabulosas, / la sombra de un gran tiempo que pasó entre misterios y entre alucinaciones, / y también el pequeño temblor de las bujías en el anochecer. // Pero alguien ha llegado. / Y otros rostros te soplan el rostro en los espejos / donde ya no eres más que una bujía desgarrada.

TE RETO A
Escribir una lista con las palabras que más te gustan por su sonido o por su grafía.

Cómic mudo

Tipo de reto: diálogo

Wilhem Busch, caricaturista alemán, es el padre del cómic. Publicó en un periódico satírico, en 1859, una historieta que relata la vida de dos gemelos: Max y Moritz. Impulsado por los periódicos, el género cobró auge recién a principios del siglo XX (G. Vilches Fuentes, 2014).

Tiempo después, en Estados Unidos, surge el "globo de diálogo" para ilustrar el habla o el pensamiento de los personajes. Estas historias abarcan desde el romance hasta el humor. Algunas han alcanzado una difusión mundial como Superman o Mafalda, esta última una niña de mirada crítica hacia el estado del mundo y la vida cotidiana: ¿"De qué sirve la riqueza en los bolsillos si hay pobreza en la cabeza?".

En este reto tendrás que buscar historietas. Pueden ser de cualquier género. Al menos deben tener cinco escenas.

TE RETO A
Borrar los diálogos a una tira cómica e inventar nuevos.

Ella es

Tipo de reto: fragmento

Este reto consiste en escribir la autobiografía de un personaje de película o de novela. Es importante que cuando escribas pienses en detalles de la otra persona: cómo ve sus problemas, cuáles son sus palabras tabúes y sus muletillas, qué suceso de su infancia ha impactado en el presente. Puedes focalizarte en una etapa de su vida o desarrollar un aspecto a lo largo del tiempo.

Algunos escritores ilustran al personaje con una foto extraída de una revista o de Internet. Quizás desees pegar junto a tu texto una foto que se acerque a cómo imaginas al personaje, si has optado por seleccionar una novela.

TE RETO A
Escribir la autobiografía de un personaje de novela o película.

SALVAVIDAS
-Opta por el formato diario.
-Copia el formato de una biografía de una enciclopedia.
-Escribe una carta donde la persona cuenta su historia a un periodista.

Mimos

Tipo de reto: fragmento

Al escribir una novela, incorporamos lo verbalizado y lo transformamos en palabras escritas. Quien lee debe volver a rehacer el habla, meterse en la conversación, espiar las escenas que parecieran que los escritores las hemos visto o vivido. Como mencionamos en el reto "V sin vendetta", la comunicación no verbal transmite información. Estos aspectos ofrecen detalles ricos sobre las intenciones no explícitas de los personajes.

La distancia desde donde habla una persona puede indicar timidez o agresividad. Edward Hall estudió la forma en que los seres humanos usan el espacio. El terreno cercano a nuestro hogar nos resulta seguro. A medida que nos alejamos, entramos en una zona donde creemos que las posibilidades de ser atacados aumentan. Incluso, los espacios urbanos vueltos a ser colonizados por la naturaleza, como campitos o sitios abandonados, suelen ser sitios de visión de aparecidos, fantasmas, y son considerados zonas de peligro.

Existe una distancia prudencial para acercarse a otra persona. En el transporte, en la hora de mayor movimiento en la ciudad, uno puede rozarse contra otro, pero si usa la misma distancia en una fiesta puede significar que uno molesta o interpretarse como un intento de seducción. Este espacio menor que media entre las personas se denomina *distancia íntima* (R. Birdwishtell, 1970) y se calcula entre quince a cincuenta centímetros; es el espacio de percepción del calor del otro cuerpo y hasta de su olor. Tan cerca, en esta distancia íntima, permitimos el ingreso de nuestros seres queridos, por ejemplo, el abrazo con un hijo o un amigo. En una reunión social, esta distancia abarca desde medio metro a un metro. Las distancias mayores a dos metros son impersonales, sdonde dejamos de ejercer influencia. No obstante, estas medidas no son normas universales. En ciertos lugares del mundo la distancia íntima se puede acortar aún más.

Otro aspecto a considerar es la gestualidad facial. Es común escribir, yo peco de este mal, que si alguien está enojado lo indicamos con un "frunció el ceño". ¿Existen otras maneras de comunicar el enojo? Es más interesante aludirlo con un gesto y que el lector infiera la emoción subyacente. Mostraríamos en lugar de negarle a quien lee la capacidad de interpretar los gestos de los personajes.

A continuación, ofrezco una serie de ejemplos:

-Revisar la distancia desde donde habla un personaje. Puede hablar desde la puerta. No es lo mismo si se acerca hasta casi escupir a quien habla.

-Mirar fijo puede interpretarse como agresividad. Mirar de costado, como timidez o que esa persona oculta algún secreto. Pero si el personaje interactúa siempre a través de anteojos negros, puede indicar algo más. ¿Por qué obtura su mirada?

-Los brazos cruzados significa estar alerta, protegerse, estar a la defensiva. Si una mujer sostiene la cartera sobre el pecho en tanto habla, demuestra inseguridad. Podría usar la cartera como un escudo o esconderse detrás de ella. Juro que así rendí mis primeros exámenes en la universidad hasta que un profesor me dijo que si dejaba la cartera a un lado, demostraría que había estudiado y obtendría mejor nota.

TE RETO A

Registrar diversas comunicaciones no verbales en distintos contextos y sus interpretaciones, ya sea en un lugar que visites o el realizado por los actores en una película, e insertarlos en un diálogo que has escrito o que escribas para este fin.

Solo cinco

Tipo de reto: lista

¿Cuántas oraciones eres capaz de escribir con tan solo cinco palabras? Me podrás responder que dependerá de las palabras ya que algunas serán difíciles de incluir en muchas oraciones. Otras, por ejemplo, nos pueden resultar afines como "olas" y "verano".

Las siguientes oraciones fueron creadas con "muerte", "paso", "error", miedo", "noche". Seleccioné estas palabras al azar:

-La noche con sus pasos de miedo construyen errores entre las estrellas.
-El paso de la noche, un miedo a muerte, sin error.
-Noche, miedo, un error se vuelve un paso fúnebre, cualquier muerte.
-El error es una noche de miedo, con su paso de muerte.

TE RETO A
Escribir tantas oraciones como puedas combinando cinco palabras.

El mar vive lo que una ola

Tipo de reto: lírico

En el reto "La medida de todo" obtuvimos una serie de frases relativas al ser humano, al cielo y al mar. Con ellas tendrás que armar un poema o una prosa poética, y titularlo.

TE RETO A
Amar un poema con las oraciones del reto mencionado.

Fangirl

Tipo de reto: fragmento

Todos admiramos a algunas personas. Incluso, muchas de ellas han ejercido una influencia en nuestras vidas. Quizás sea un familiar, alguien famoso, un artista que admiramos por su trabajo o por determinados actos; su coraje podría inspirarnos y hasta convertirse en personaje de una novela.

TE RETO A
Escribir sobre esa persona que admiras y que ha influido en tu vida.

Viaje al reino de Trine

Tipo de reto: descripción

En otros retos hemos propuesto escribir descripciones de viajes imaginarios o no imaginarios. Ahora, deberás inventar el nombre de un lugar, de las calles, la forma de vestir de sus habitantes, sus costumbres. Quizás sean humanos, pero también podemos viajar a un mundo de seres fantásticos. El único requisito: ser de una época pasada.

TE RETO A
Escribir dos carillas de tu diario de viaje a un mundo imaginario del pasado.

Motivadores

Tipo de reto: plástica

Quizás, seas de aquellos que coleccionan frases que te ayudan a pasar un día complicado, a decidirte a romper con una relación o a comenzar una nueva actividad. Ahora que están de moda los *coaches*, desde literarios hasta entrenadores físicos, te propongo que seas tu propio *coach* motivador.

Busca papeles de colores, revistas, pegatinas, ya que decoraremos frases para pegar en nuestro rincón favorito.

TE RETO A
Inventar tres frases motivadoras para decorar tres pósteres para pegar en la pared.

SALVAVIDAS
-Puedes usar imágenes de revistas como fondo: paisajes o un color que te guste. Aprovecha las texturas satinadas.
-Pega hojas de árboles o confecciona un collage con pedacitos de papel.
-Recorta las palabras de tus frases de diarios y revistas.

Tejer el arcoíris

Tipo de reto: descripción

Los poetas poseen una sensibilidad especial para observar al mundo. John Keats se quejó de que los físicos habían destejido al arcoíris y ahora ya no era tan bello como antes.

La filosofía recortará las alas del ángel, / conquistará todos los misterios con reglas y líneas, / vaciará el aire encantado y la mente del gnomo, / destejerá el arco iris.

Si me dicen que el arcoíris es un fenómeno óptico y meteorológico a raíz de un rayo de sol que atraviesa partículas húmedas, yo también vería sólo hilachas que cuelgan desde las nubes. ¿Deberíamos volver a tejerlo?

TE RETO A
Describir poéticamente un fenómeno de la naturaleza.

El amor no es de azúcar

Tipo de reto: relato corto

Hay dos temas que quizás sean los más mencionados en las novelas y en la poesía: la muerte y el amor. Por lo tanto, también son los más complicados de escribir sin caer en el cliché. ¿Es posible hablar de amor sin mencionar la palabra "amor" y sus afines como "corazón", "pasión"?

Sobre esta temática, algunos de los aspectos a evitar:

-El hombre hermoso y millonario enamorado de la mujer débil y pobre.

-El chico en problemas y la chica inteligente.

-Él, tan hermoso como un modelo, se enamora de una mujer también hermosa como una modelo.

-El amor todo lo puede hasta pagar un viaje a un lugar lujoso a pesar de que el protagonista está desempleado y no tiene ni una moneda.

-El amor sobrepasa cualquier barrera. Hasta es posible que una chica adinerada se enamore de un joven que vive en la calle.

¿El romanticismo es universal? Lamento responder que no. Pensemos que en ciertas épocas no existían ni los signos que nos señalan que alguien nos ha enamorado: temblor, palpitaciones, inapetencia, desgano o euforia. En otros grupos humanos hasta podrían indicar que la persona ha sido atacado por una brujería. Por lo tanto, escribir una historia de amor romántica ambientoda en la Antigüedad es transpolar cosmovisiones contemporáneas a otra época. De todas maneras, hablamos de ficción.

TE RETO A

Escribir un relato sobre una historia amorosa sin caer el cliché ni mencionar la palabra "amor" ni afines.

NOVELA PARA INSPIRARSE
Sputnik, mi amor de Akira Murakami

Otros nidos

Tipo de reto: descripción

Me imagino a Mark Twain escribiendo en un barco a la deriva junto a una botellita de licor e iluminado por una lámpara de aceite. Cada tanto, sacude su tintero y desparrama una mancha macabra sobre sus papeles. Pero escribe aún en las peores circunstancias. A Borges lo imagino sentando junto a una biblioteca de nogal, cerca de un tablero de ajedrez y un astrolabio. Desde una ventana minúscula, ubicada tal alto de manera que para mirar a través de ella es necesario subirse a una escalera, cae un rayo solar que dibuja símbolos extraños sobre las paredes, signos siempre móviles, lombrices expuestas con violencia debajo de la luz.

Nunca me hubiera imaginado la siguiente situación:

> Pasé casi todas las tardecitas, sentado en un cubo de basura volcado, afuera de mi departamento, bebiendo lao-lao y escribiendo cartas épicamente largas que, años más tarde, haría uso como materia prima para mi libro". Matt Dojny

Cuando leen, ¿se imaginan al autor en su momento de escritura?

TE RETO A

Describir el lugar de escritura y cómo escribe uno de tus escritores favoritos.

El viejo de la bolsa

Tipo de reto: personaje

Ya hemos hablado de las historias *creepypasta* en "Comida de brujos". En este reto te proponemos que inventes un nuevo personaje o suceso. Unos de los aspectos que llevan a creer en este tipo de historias es la verosimilitud, se apoyan en hechos reales que las tornan creíbles, por ejemplo, el secuestro de niños para el caso de *Slenderman*; además, se afirma en la cantidad, tristemente numeraria, de niños maltratados y abusados. *Slenderman* es un hombre que viste traje, lo cual nos demuestra que posee un cierto estatus social y dinero que le permite valerse de todos los medios para conseguir su objetivo.

TE RETO A
Inventar un personaje de estilo *creepypasta*.

Susurro

Tipo de reto: lírico

¿Se imaginan la letra de alguna canción instrumental? ¿O la temática? Cuando escucho *Sorrow* de Hans Zimmer me imagino a un fantasma nombrando cada una de las cosas que dejó atrás, en un tiempo abolido, en el espacio congelado en el instante de su muerte, un momento de sonido de campanas de su entierro y también, años después, en su tumba rota.

TE RETO A
Escribir la letra de una obra instrumental.

BANDAS SONORAS DE VIDEOJUEGOS PARA INSPIRARSE
-*Assassin's Creed Revelations* de Jesper Kyd y Lorne Balfe.
-*The last of us* de Gustavo Santaolalla.
-*Mass effect* de Jack Wall y Sam Hullick.

Ojo testimonial

Tipo de reto: relato corto

Un fotógrafo es alguien que,
literalmente, dibuja con la luz.
Alguien que escribe y reescribe
el mundo con luces y sombras
De: *La sal de la tierra*

En este reto deberás buscar una fotografía que incluya una escena que será parte de un relato. Bajo la categoría *testimonial, de información* o *documental* encontrarás fotografías que capturan momentos especiales, diversas actividades humanas; además, conllevan un mensaje denunciatorio sobre la guerra, los excluidos y la pobreza (J. Amar, 2006).

En las redes sociales se difunden fotografías que ilustran hechos tristes, generan rechazo o concientizan para que los demás se sumen mediante denuncias o boicots. Hace unos días, se compartió en mi país la imagen de un hombre y su esposa abrazando un león muerto que habían matado gracias a pagar por este "servicio" de falsa cacería. Inmediatamente, la fotografía que había sido tomada para congelar una experiencia gratificante, lo digo desde la óptica del matrimonio, se transformó en ejemplo de maltrato animal y originó un *escrache* en varios de los negocios del matrimonio de empresarios. Tal es el poder contenido en un papel pintado.

TE RETO A
Escribir un relato corto a partir de una fotografía.

PELÍCULAS Y DOCUMENTALES PARA INSPIRARSE
- *Los momentos eternos* (2008) de María Larsson.
- *La sal de la tierra* (2014) de Wim Wenders y Juliano Ribeiro Salgado.
- *Mil veces buenas noches* (2013) de Erik Poppe.

Un atún gana la maratón

Tipo de reto: lírico

Un limerlick es un poema escrito, de cinco versos, con rima de tipo AABBA. Por lo general, posee un tono humorístico, divertido; apela al absurdo, al sinsentido y a los juegos de palabras. Los primeros aparecieron en Inglaterra en el siglo XVIII, pero fueron populares años después gracias al poeta Edward Lear.
María Elena Walsh escribió un libro de *limerlicks*: *Zoo loco*. Comparto dos poemas a modo ilustrativo.

> Un Hipopótamo tan chiquitito
> que parezca de lejos un mosquito
> que se pueda hacer upa
> y mirarlo con lupa
> debe ser un Hipopotamito.

> En medio del mar nada un atún
> estilo mariposa y al tuntún.
> Ganando la carrera
> quizás ganar espera.
> Si no la maratón, la maratún.

TE RETO A
Escribir tres *limerlicks*.

SALVAVIDAS
-Busca palabras con sonidos semejantes.
-Ordénalos en distintos versos.
-Reacomódalos para otorgarle sentido.

Dilo sin " e"

Tipo de reto: fragmento

En 1969, George Perèc escribió una novela de intriga, *El secuestro*, con la particularidad de no incluir palabras que contengan la letra "e". El título alude también a la desaparición de esta letra. En la traducción al español la letra omitida es la "a". Con anterioridad, en 1939, Ernest Wright publicó una novela sin palabras que contengan la letra e". Esta novela se llama *Gadsby*.

No se asusten, no voy a pedirles que escriban una novela sin la letra "a". ¿Se imaginan lo difícil que resultaría esta tarea?

A estos textos que omiten palabras con una letra determinada se la denomina *lipogramas*. No es una técnica nueva, sino que existen referencias sobre estos escritos ya desde los griegos antiguos.

TE RETO A
Escribir un párrafo sin palabras que contengan una vocal de tu elección.

Mezcla letras

Tipo de reto: lista

Un anagrama es una palabra que resulta de la combinación de letras de otra palabra. Por ejemplo, a partir de "árbol" se pueden formar las siguientes:

-labor
-borla
-albor

Para este reto nos vamos a permitir no usar todas las letras de la palabra de base. Ejemplos con "instante":

-*entintas*
-*ante*
-*tenia*
-*tenía*
-*intentas*
-*tienta*
-*tina*

TE RETO A
Escribir tantas palabras como puedas con las letras de "tartamudear".

Criogenia

Tipo de reto: relato corto

Cuando tendría unos ocho años, me contaron que Walt Disney estaba congelado porque padecía cáncer y deseaba "resucitar" cuando la cura fuera posible. ¿Realidad o invención? En el caso de Walt Disney no es real y basta con saber que ha sido enterrado en el cementerio de Glendale, California.

Según J. Brunvand, las leyendas urbanas combinan los miedos y deseos. Miedo a las drogas, a la violencia, a la muerte, a los fantasmas. Estos miedos cobran identidad en una zona y son narrados en la piel vaporosa de un fantasma que perdura. Estas narraciones se combinan con la tragedia: un decapitado, un maniático, alguien ya muerto que busca venganza, una monstruosidad solitaria. Estos temores se exteriorizan en un relato que transita de boca en boca. Además, es ampliado y reescrito hasta convertirse en muchas versiones de sí mismo.

TE RETO A

Inventar una leyenda urbana que sucede en una casa ruinosa y abandonada o en un terreno baldío de tu barrio o ciudad.

Diario de viajes a lugares imaginarios

Tipo de reto: descripción

Muchos autores han contextualizado sus historias en lugares ficticios. Manuel Puig, para *Boquitas pintadas*, creó el pueblo de General Vallejos, quizás inspirado en donde nació: Coronel Villegas. También existen lugares mucho más enormes que un pueblo. Tal es el caso de planetas completos como *Solaris*, en la novela de Stanislaw Lem, Krypton, el planeta de origen de Superman. También podemos nombrar a la tierra de Oz, Narnia, Ávalon, Gotham y el País de las Maravillas. En videojuegos, recuerdo hasta las calles de la Commonwealth de *Fallout* o Freedom Harbor de *Forsaken World*.

> Un mimoide visto desde arriba parece una ciudad; sin embargo, eso es solo una ilusión causada por la necesidad de encontrar analogías con lo conocido. Cuando el cielo está limpio, una masa de aire caliente envuelve el conjunto de excrecencias de varios pisos de altura, coronadas por altas estacadas; en consecuencia, las formaciones, ya de por sí difíciles de determinar, empiezan a balancearse y a doblarse. La aparición de la primera nube sobre el cielo azul (lo digo por costumbre, dado que el 'celeste' cobra aquí un tono bermejo o extremadamente blanco, dependiendo de los días) causa una respuesta inmediata. Comienza así una brotación acelerada: una capa dúctil, ahuecada en forma de coliflor, es lanzada al aire, separándose casi por completo de la base; al mismo tiempo, empalidece y, a los pocos minutos, acaba pareciéndose a un cúmulo (Stanislaw Lem, *Solaris*).

Algunos lugares han permanecido en mi memoria como si hubiera caminado por allí. Tal es la magia que nos permite adentrarnos en la fantasía y hasta habitar ese espacio recreado entre el autor y el lector.

Si bien un lugar descrito en una novela puede ser real, siempre está tratado de manera ficcional. Los escritores suelen aclarar que los sucesos y lugares corresponden a la imaginación para evitar malos entendidos.

TE RETO A
Describir tu viaje a un sitio imaginario.

SALVAVIDAS
-Este lugar puede ser un sitio ficticio de una novela, de una película, de una serie televisiva o de un videojuego.
-También puedes inventar una ciudad e imaginar el recorrido por negocios o barrios inventados por ti.

Tonalidades

Tipo de reto: reescritura

En "Mil maneras de decir lo mismo" hemos reescrito un texto mediante un cambio de tono. Ahora proponemos el mismo ejercicio con un texto de tu autoría. Quizás, te sirvan alguno de los relatos cortos o fragmentos que has escrito en algunas de las propuestas de este libro.

TE RETO A
Reescribir un relato con uno de los siguientes estilos: escueto, melodrama, carta, tenebroso.

Preguntas incómodas

Tipo de reto: fragmento

Gemma Harris (2013) recopiló preguntas que se han formulado varios niños. No son fáciles de responder ya que nuestro mundo cotidiano se construye a partir de naturalizar lo obvio. "Es obvio que el sol sale", "es obvio que siempre se ha festejado navidad", "es obvio que las aves vuelan". De tan obvio, nos es invisible.

En este reto, te propongo que respondas preguntas, que observes eventos, el contexto en el que vives. Haz una lista de tus preguntas favoritas o de las que leas en diversas fuentes. No te conformes con una sola respuesta. Responde sin pensar demasiado. Primero, deja aflorar al sentido común, esas respuestas formateadas y estándares. Luego, comenzarán a surgir alternativas, hasta que aparezca un punto de vista original. Te sorprenderás de todas las cosas que puedes responder a "¿por qué sale el sol?".

A modo de ejemplo, estas son las respuestas a: "¿Por qué los pájaros pueden volar y nosotros no?". Observa que las primeras respuestas corresponden a estándares del sentido común.

-*No tenemos alas.*
-*Tenemos brazos y piernas.*
-*Somos demasiado pesados para poseer alas.*
-*Nos habita una fatigosa gravedad.*
-*Nos ha construido la tierra.*
-*El aire es una región demasiado elevada para nosotros.*
-*Nos hemos resignado al fondo.*

TE RETO A
Responder las siguientes preguntas extraídas del libro de Gemma Harris:
-¿Por qué el espacio es tan brillante?
-¿De dónde viene el "bien"?
-¿De dónde salió la primera semilla?

Sin embargo

Tipo de reto: fragmento

¿No te ha pasado que conversas con algunas personas que no terminan sus frases y tú debes completarlas? En este reto te colocarás en una situación similar al imaginar que charlas con alguien que deja sus frases por la mitad. Cada una de las siguientes han sido seleccionadas de diversas novelas.

-El recuerdo ya es pura invención y sin embargo... (*Estocolmo*, Havilio Iosi)
-Al principio creí que le había tomado cariño a dos objetos:... (*Borgestein*, Sergio Bizzio)
-Ella me mira y por un momento creo que... (*Quédate conmigo*, Anna García)
-El viernes por la noche, estuve leyendo mi nuevo libro, pero como estaba mentalmente cansado, decidí... (*Las ventajas de ser invisible*, Stephen Chbosky)

TE RETO A
Completar las oraciones listadas.

Casas cosas

Tipo de reto: descripción

Sal a caminar o aprovecha un viaje. Mira una casa. Concéntrate en los detalles que la hacen única: el color violeta de una ventana, una escultura en el jardín, un árbol quemado. Dicen que una casa es el reflejo de quien vive en ella. Imagina quién puede vivir allí, trata de hallar un nombre que combine con el personaje; piensa en su oficio, en sus gustos. ¿Qué habitaciones existen en esa casa?

Cuando describas, deja de lado aquello que es obvio: el lavabo del baño, la mesa en la cocina, la pileta del patio, las flores del jardín. Concéntrate en los detalles que otorgan originalidad a la construcción y que indicarían características particulares de sus ocupantes.

TE RETO A
Describir una casa, dibujar su plano y enumerar cinco objetos poco comunes de hallar en una sala de estar y en una habitación.

Juancito siempre tiene razón 2

Tipo de reto: diálogo

Retomamos el desarrollo de las estratagemas de Schopenhauer como guía para escribir un diálogo y agregamos las siguientes:

-*Si él lo dijo*. Consiste en señalar a alguien reconocido, a pesar de que sea un invento. En este caso, se escogen aquellas áreas que el adversario desconozca o no sea experto. Incluso, se puede apelar a frases en latín, que como se dicen en latín, parecen "cultísimas". Esto me recuerda lo que conté antes sobre esos "genios" que lo saben todo.

Pedro: Creo que deberías sacar la basura a diario.
Juan: Ya lo dijo Cicerón, "acumular basura, aumenta la cordura".

-*El irónico*. Cuando el adversario nos ha acorralado es posible responder con una ironía de manera que parezca que lo que acaba de decir es algo de tan poco valor que ni vale una respuesta.

Pedro: Es cierto, el juego de las bochas hoy día es más jugado por los ancianos.

Juan: Me da dolor de cabeza. Lo que acabas de decir es tan profundo que me ha llegado hasta la pituitaria.

TE RETO A
Escribir un diálogo según una de las estratagemas enumeradas.

SALVAVIDAS
Escribe una charla entre dos científicos que discuten en un congreso con ideas opuestas sobre un tema particular, cada uno impulsado por el deseo de tener razón y el prestigio que otorga "aplastar" a un colega.

Al rescate

Tipo de reto: diálogo

A veces, leemos en las novelas diálogos acartonados, que no fluyen, que parecen cercenados por el comité de moralidad y buenas costumbres. Sin embargo, escuchamos el habla de distintas personas que reflejan diferentes formas de vida o pertenencias a grupos sociales, en el transporte público, en el supermercado, durante la espera para entrar al cine. Por lo general, no le prestamos atención.

Es importante escuchar, detenerse en las palabras que usan los demás cuando están enojados, cómo se expresan personas de distintos lugares cuando charlan. La forma de hablar, las palabras que usamos, nos dicen de nuestra procedencia, revelan nuestros estudios e intereses. En mi país se denomina "tumbero" a la forma de hablar de cierto sector que vive en las llamadas "villas miserias". Por lo tanto, si vamos a escribir sobre alguien que vive en ese lugar, podemos escuchar cómo hablan, qué dicen cuando están enojados, cuáles son sus insultos, cómo denominan a ciertos fenómenos. "Tumbero" alude a estar en la "tumba", en la cárcel.

Hace unos años, en mi trabajo docente, una alumna había pegado a otra porque le dijo "rescatate". Como yo no entendía, le pregunté:

—¿Le quisiste decir que sea "recatada".

—No. "Rescatate".

—Por eso, de "recato".

—No sé que es "recato". Yo le dije "rescatate, piba, o te rescato yo".

—¿Qué se "rescate" de dónde?

Para entonces, la alumna estaba enojada porque yo no podía entender la gravedad de esa palabra. Al final, pregunté a otras personas y me informaron que "rescatate" quiere decir que la persona es adicta.

TE RETO A

Registrar el habla de quienes te rodean en un lugar público y a armar un diálogo con esos dichos.

El Superman argentino

Tipo de reto: personaje

Las características de los superhéroes dependen de su origen, de su especie (humanos o extraterrestres), de su lugar de residencia. Superman, cuyo nombre original es Kal-El, fue enviado a la Tierra y criado por una pareja en Kansas. Obviamente, no hubiera sido lo mismo si, en lugar de Estados Unidos, hubiera sido criado por una familia en Japón, en Francia o en Argentina. Primero, no se llamaría Clark Kent. En Japón, quizás, podría haberse llamado Kaito Nishimura. Y en Argentina, quizás, Pablo López.

Existe un género dentro del cómic para agrupar a todas las historias nacidas de alterar el lugar y la época de origen de estos superhéroes.

En la novela *Kryptonita*, de Leonardo Oyola, Superman se llama Nafta Súper y nació en Buenos Aires, Argentina. Le acompañan la Mujer Maravilla, ahora llamada Lady Di. En otro contexto, Mark Millar escribió una historia, *El hijo rojo*, a partir de la caída de Kal-El en una granja de Ucrania, durante la Guerra Fría.

De acuerdo con la propuesta anterior, en este reto deberás buscar un superhéroe famoso, por ejemplo, Linterna Verde o Batman, y alterar el lugar de origen y la época en que vivió, dotándolo de ciertas características relativas a ese nuevo contexto.

TE RETO A
Cambiar el lugar de nacimiento y época de un superhéroe conocido y describir su nueva historia.

Parca que revienta sola

Tipo de reto: fragmento

El *abecegrama* consiste en escribir una frase de manera que cada palabra se ordene alfabéticamente. Por ejemplo:

> Alicia bucea cabizbaja donde esconden frescas guirnaldas hojas infinitas. Jamás kilómetros le mudaron nada; ñata, ora parca que revienta sola; tuvo una violeta wincha, xerófita y zurraposa.

TE RETO A
Escribir dos abecegramas.

Flores de Eva

Tipo de reto: fragmento

Hace unos años, cuando estudiaba sobre ritos funerarios y recorría el cementerio de mi ciudad, había comenzado a registrar epitafios y frases que los deudos dejaban a sus muertos. Luego, busqué epitafios de famosos. Algunos fueron escritos antes de morir, incluso, valiéndose del humor. No te asustes, no te pediré que seas tan lúgubre.

También, existen epitafios ficcionales, los escritos por un personaje. Adán escribió un hermoso epitafio para Eva: "Allí donde ella estaba, era el Edén". Lo podemos leer en *Diario de Adán y Eva* de Mark Twain.

TE RETO A
Escribir el epitafio que Eva inscribe sobre la tumba de Adán.

Para Eli

Tipo de reto: carta

Ahora que hemos encontrado a nuestro amigo imaginario en el reto "Mi amiga Eli", es hora de comunicarnos con él o con ella mediante unas cartas. Podemos optar por contar algo sobre nuestras vidas, un suceso ficticio o real.

TE RETO A
Escribir dos cartas para tu amigo imaginario.

Encuentra preguntas 1

Tipo de reto: fragmento

Una de mis manías como lectora es marcar las preguntas en los libros, además de coleccionar frases u oraciones que me llaman la atención, ya que me ayudan a reflexionar sobre mi vida y el mundo.

Algunas de mis últimas adquisiciones:

-¿Qué hago yo delante del abismo? (Antonio Gamoneda, *El libro del frío*)
-¿Cómo es el fin del mundo? (Alessandro Baricco, *Seda*)

TE RETO A
Responder las dos preguntas anteriores.

"Acá andamos, olivando"

Tipo de reto: lista

Una de las tareas más áridas de escribir no es escribir, como la mayoría se imagina: es corregir. A veces, me lo tomo con humor y me río de mis propias burradas. Gianni Rodari (2002) comenta que es posible superar el error, hacerlo productivo y ejemplifica el caso de la creación de una historia a partir de una palabra incorrecta.

> Un magnífico ejemplo de error creativo se encuentra, según Thompson, autor de Las fábulas en la tradición popular, en la Cenicienta de Charles Perrault: el famoso zapatito, inicialmente, habría sido de "vaire" (un tipo de piel) y no de "verre" (vidrio). No obstante, nadie duda que una zapatilla de vidrio resulta más fantástica y llena de sugestiones que una vulgar pantufla de pelo, aunque su invención haya sido debida a la casualidad o al error de transcripción.

Así fue que me detuve en un error producto de escribir rápido en la computadora. En lugar de escribir "olvidando" había escrito "olivando". Lo primero fue tachar la palabra y corregirme, pero recordé el ejercicio de Rodari y la anoté en un papel antes de borrarla, así la usaría como ejercicio para transformarla en oraciones que incluyan el acto de "olivar".

¿Qué significa que alguien está "olivando"? Más allá del significado otorgado por la Real Academia Española, "olivando" me suena a alguien encerrado en sí mismo como un carozo dentro de una aceituna.

TE RETO A
Inventar nuevos significados a palabras que has escrito de manera incorrecta.

Tazas por orejas

Tipo de reto: lista

"Ese auto parece una canoa", "esa novela es un parto". Algunas comparaciones se han repetido demasiado y ya no sorprenden. Como escritores debemos buscar comparaciones originales. Una lluvia de ideas podría ayudarnos a elaborar una lista para escoger la menos esperable. En esta técnica no vale detenerse porque hay que registrar todo lo que se nos ocurre.

Las comparaciones establecen la unión entre dos elementos con la fórmula: "es como si", "es como", "es tal cual", "como", "tal", "cual". También podemos usar "se parece a". Los dos elementos se unen por poseer algo en común. "Cual" hoy día suena un poco caduco y demasiado forzado. "Esa flor es como un sol amarillo" se ofrece más coloquial a "la flor cual sol amarillo".

Cito algunos ejemplos escritos a partir de "tazón" con la fórmula "es como...":

-una boca abierta
-una oreja
-un pozo fuera de la tierra
-un halo de penumbra
-un agujero en la roca
-una campana boca arriba
-una medusa muerta
-una mano que espera una caridad
-el pozo donde arrojo tu memoria

Como en toda lluvia de ideas, las más originales suelen aparecen luego de varios intentos porque lo primero que aflora suele ser el sentido común y las frases trilladas.

TE RETO A
Elegir un objeto y elaborar tu lista de "es como...".

Primero los diálogos

Tipo de reto: relato corto

Una novela que escribí en el año 2014 comenzó gracias a un diálogo. No recuerdo si viajaba en un ómnibus o lavaba los platos cuando me llegó una charla entre una pareja: ella cortaba carne o pan con un cuchillo. De esa tensión entre dos personajes construí la historia. Además, los diálogos constituyen la voz directa de los personajes; hacerlos hablar nos ayuda a conocerlos, a construirlos. Quizás, no incorporemos esos diálogos en la trama, pero si ensayamos distintas situaciones y "escuchamos" cómo dialogan entre ellos, los conoceremos lo suficiente a la hora de escribir.

Existen diversas técnicas para "escuchar" al personaje. Algunas conocidas son:

-Entrevista a tu personaje.
-Escribe una carta como si fueras el personaje.
-Hazle responder preguntas sobre un tema específico: política, religión, la muerte. Mejor si este tema se relaciona con el de tu novela.
-Incorpora a tu personaje en diversas situaciones y hazlo actuar.

Ya que tenemos un diálogo y pudimos delinear unos personajes, producto de un reto anterior, podemos ubicarlo en otro contexto, en una situación diferente y narrar qué motivó ese diálogo, qué conflictos se intuyen.

TE RETO A
Escribir un relato corto que incluya el diálogo escrito en el reto "Cómic mudo".

Nace una leyenda

Tipo de reto: relato corto

Un personaje se comprende en lo que hace, en lo que dice y en lo que no hace. Quizás, diga algo, haga lo contrario y piensa una tarea opuesta a las dos anteriores.

En "El viejo de la bolsa" hemos creado un personaje que no llevamos a la acción. Te propongo que escribas un relato corto donde muestres al personaje en lugar de describirlo, así el lector puede conocerlo a través de sus acciones.

TE RETO A
Escribir un relato corto protagonizado por el personaje *creepypasta*.

Ella era el lobo

Tipo de reto: lista

Una historia alternativa surge al pensar que un suceso del pasado no tuvo lugar o sucedió de otra manera. Ese suceso elidido o modificado es el punto desde el cual se produce una bifurcación entre la historia como la conocemos y aquella que se origina a partir de ese cambio. A ese momento clave se llama *punto jonbar*. Estas alteraciones han servido de punto de partida para la escritura de novelas, conocidas como *ucronías,* que pertenecen a la ciencia ficción. Por ejemplo, en la novela de Isaac Asimov, *El fin de la eternidad,* Estados Unidos no arrojó la bomba atómica sobre las ciudades japonesas.

La pregunta inicial desde donde surge la otra historia posible puede ser la siguiente: ¿qué habría pasado si? (J. Pelegrín, 2010). Incluso, solemos hacernos esta pregunta sobre nuestras vidas: "¿Qué habría pasado si no me hubiera casado?", "¿qué habría pasado si no hubiera aceptado ese empleo?". Suelo decir, para desdramatizar un poco, que no me gusta hacer "masoquismo conjetural", así evito torturarme con mis errores del pasado. No obstante, siempre aparece el "¿qué habría pasado si...?". ¿También te sucede?

Además, escuché a lectores quejarse porque deseaban que el personaje actúe de otra manera. ¿Qué hubiera pasado si la protagonista de *Cincuenta sombras de Grey* fingiese ser ingenua para conseguir víctimas para asesinar?

TE RETO A
Confeccionar una lista de situaciones, que podrían suceder a partir del cambio de un suceso o de la actitud de un personaje, respondiendo: *¿Qué habría pasado si...?*

Mi querido John

Tipo de reto: carta

Escribir epístolas es un arte que muchos escritores han desarrollado. J. R. R. Tolkien respondía las cartas que sus hijos enviaban a Papá Noel. Imagino la alegría de esos niños al recibir noticias desde el Polo Norte y los detalles de cómo era la vida en esos parajes. La correspondencia ha sido compilada en *Cartas de Papá Noel*. En ella desfilan nuevos personajes como el Oso Polar, el Muñeco de Nieve.

> Este año hicimos una hoguera (para complacer al Oso Polar) con el fin de celebrar la llegada del invierno. Los elfos de la nieve soltaron todos los cohetes a la vez, cosa que nos

sorprendió mucho. He intentado plasmarlo en un dibujo, pero debéis pensar que había cientos de cohetes. Los elfos no se ven porque son blancos y el fondo está nevado.

¿Qué sentirías si en tu buzón aparece una carta de tu celebridad favorita dirigida solo para ti?

TE RETO A
Responder una carta de un famoso como si te la hubiera enviado a ti.

PARA INSPIRARSE
Cartas a Felice de Frank Kafka

Luna huérfana sobre hombre terroso

Tipo de reto: lista

Cuando pensamos en un objeto, por ejemplo, "mesa", el cerebro dispara: "madera", "patas", "cena", "televisor". Las palabras no significan por sí solas, sino que se apoyan unas a otras. Al pensar en los "ojos" es probable que sean como el cielo, brillantes, profundos. Cuando escribimos las palabras se pegotean, convocan a las otras que se han asociado de tanto usarlas. ¿Quién no dijo que el cabello *era de oro* o que esos ojos eran como *pedacitos de cielo*? Pero los lectores eso ya lo saben hasta el hartazgo y desean escuchar algo novedoso. Es nuestra labor buscar nuevas combinaciones de palabras. Por ejemplo:

-*Hombre terroso* (J. L. Borges).
-*Flores rotas los ojos, y sus dientes dos puñados de nieve endurecida* (F. García Lorca).
-*Bombilla colgada como el gesto mustio de un ahorcado que jamás pensó que le romperían el cuello* (L. Diez).
-*Al descorrer las cortinas apareció la luna, flotando blanca y taciturna en el cielo como un huérfano inteligente* (H. Murakami).

174

TE RETO A
Escribir asociaciones originales.

SALVAVIDAS
Buscar al azar un sustantivo, asociar una serie de palabras y resaltar con un color aquellas que sean novedosas.

Se cansará el amor

Tipo de reto: lírico

> *El poema es un caracol en donde*
> *resuena la música del mundo y metros y rimas*
> *no son sino correspondencias, ecos,*
> *de la armonía universal.*
> Octavio Paz

Hace unos años, un admirador secreto me había enviado un poema hermoso, salvo por el final de unos cuatro versos con faltas de ortografía y clichés: agregar versos a Neruda no es tarea fácil

Para este reto, utilizaremos un poema de Juan Gelman, de su libro *Valer la pena.*

> Cuando el sufrimiento sea nada
> se cansará del amor que no hay y
> en sus sienes se abrirá el tiempo
> como una rosa ajada..

TE RETO A
Escribir un poema que comience con los cuatro primero versos citados.

Collage de personajes

Tipo de reto: personaje

¿Qué sucedería si un personaje pudiera poseer el tamaño de Pulgarcito, las orejas del conejo blanco de *Alicia en el País de las Maravillas*, la nariz de Pinocho y viviera en Oz? ¿Le crecería la nariz cada vez que halagara a alguien? ¿O le crecería la nariz cada vez que se le hiciera tarde?

TE RETO A
Mezclar características de diversos personajes para crear un nuevo protagonista excepcional e inventar su nombre.

SALVAVIDAS
-Haz una lista de personajes de cuentos y selecciona algunas características.
-Escríbelas en papelitos y selecciona al azar para armar tu personaje.
-¿Te animas a dibujarlo?

Diccionario

Tipo de reto: lista

¿Conoces el significado de cada palabra del diccionario? ¿Aprendes palabras nuevas? ¿Te han pedido el significado de una palabra que conoces, pero, cuando intentas definirla, no encuentras cómo?

En este reto vamos a usar el diccionario. No para memorizar palabras, sino para corroborar cuántas de ellas conocemos. Además, es una manera de ampliar nuestro vocabulario. Así como los ladrillos constituyen la materia prima de los constructores, las palabras son las nuestras.

Los escritores corrigen varias veces el manuscrito para pulir el texto y quitar lo que está de más y no aporta significado como esas palabras repetidas. Joseph Grand, un personaje de la novela *La peste* de Camus, no finaliza su obra porque no encuentra las palabras adecuadas.

> Poco tiempo después confesó que la palabra "florida" le estorbaba. Además había una rima. Como no conocía más ciudades que Oran y Montélimar, preguntaba a veces a sus amigos en qué forma eran floridas las avenidas del Bosque de Bolonia. A decir verdad, ni a Rieux ni a Tarrou le había dado nunca la impresión de serlo, pero la convicción de Grand les hacía vacilar. Grand se asombraba de esta incertidumbre. "Sólo los artistas saben mirar." Pero un día el doctor lo encontró muy excitado. Había reemplazado "floridas" por "llenas de flores". Se frotaba las manos. "Al fin, se las ve, se las siente. ¡Hay que quitarse el sombrero, señores!" Leyó triunfalmente la frase. "En una hermosa mañana de mayo, una esbelta amazona, montada en una suntuosa jaca alazana recorría las avenidas llenas de flores del Bosque de Bolonia," Pero leídos en voz alta, los tres genitivos que terminaban la frase, resultaban pesados y Grand tartamudeó un poco, agotado. Después pidió al doctor permiso para irse. Necesitaba reflexionar.

TE RETO A

Abrir el diccionario al azar, marcar una palabra y, sin mirar el significado, definirla.

SALVAVIDAS

Si no conoces la palabra, trata de asignarle un significado en base a su sonoridad, a los prefijos.

llamear

Tipo de reto: fragmento

Casi nunca escribo con música porque me distraigo y termino más pendiente por escuchar que por escribir. Hace unos días, experimenté dibujar guiada por una canción. Se me ocurrió hacer lo mismo con un texto. Para eso, seleccioné unas canciones de Lisa Gerrard, artista que me encanta. Escribí unos textos, sin corregirme ni detenerme, inspirada en la languidez de su música. Comparto un fragmento.

Tú me borrarás de tu recuerdo y no seré nadie. Me podré ir por el camino de luz. Abajo se quedará tu rostro en el cemento, las orejas en la oscuridad esperando la última caída. Voy a llamear en un lenguaje que nadie pueda leer. Será mi secreto, mi cobardía o mi amor. Afuera se levanta la hierba aún hacia la lejanía del cielo. Mi nombre no se levanta. No me levanto. No me dan alas para volar. Pero veo las cabezas volverse pasto y piedra, el cobijo de gusanos que construyen con la vida un nido para su progenie. Tiemblo en mi memoria como una mecha encendida. La última bomba me dejará tan muda. Abajo quedará el sonido de los tambores llamando a quienes quedan. Soy cobarde. No me despiertan más que temor. Y el miedo me roe en dos segundos y me deja tan hueca que el primer golpe me convertirá en partículas.

TE RETO A
Escribir dejándote llevar por las emociones al escuchar una canción.

COMPOSITORES PARA INSPIRARSE
-Ivan Torrent
-Dwayne Ford
-Thomas Bergersen
-Hans Zimmer

El astro rey

Tipo de reto: lista

Hay un aspecto que permite conocer el oficio de un escritor: el cliché. Un cliché, también conocido como lugar común o trillado, es una construcción o frase ya hecha e incorporada en el habla cotidiana. Por ejemplo, "tus ojos brillan". Son aquellas frases o ideas que se asocian con rapidez cuando queremos describir un fenómeno u objeto. También podemos mencionar: "Las estrellas titilan", "las nubes pasan", "el sol sale", "recibió una paliza brutal", "la noche es oscura", "tiene un hambre voraz", "se juega la vida", "ella era una rubia platinada", "el tiempo vuela", "las horas pasan".

Los escritores somos artistas, creadores. Por lo tanto, es necesario decir de otra manera sobre aquello que ya se ha repetido infinidad de veces. Los clichés o trillados no brindan ninguna sorpresa ni emoción a quien lee. Distinto es escribir: "Tus ojos de estaño". Al usar "estaño", además de otorgar la idea de brillo, digo que la mirada es acuosa, gris, fría, metálica; me permite hablar del personaje con más detalle, pero es el lector que reconstruye el resto de los significados asociando lo metálico a la personalidad de un personaje: apático, calculador, frío, racional, etc.

Hay que estar atentos a estos clichés a la hora de corregir nuestros escritos. Podemos marcarlos con color ni bien los hemos identificado para luego reescribirlos de manera más novedosa, acorde al tono de nuestro texto.

También es necesario considerar el contexto donde aparece el cliché. Si lo dice un personaje, no es incorrecto, es más, es lógico que lo incorpore en sus discursos. No es lo mismo que aparezca en esos espacios donde quien "habla" es el narrador que hemos construido, esa voz que nos cuenta la historia. En definitiva, un personaje puede mencionar un cliché; el narrador, nunca.

Algunos de estos trillados otorgan la sensación de calidad literaria aunque suenan fuera de época. Comparen estas dos frases leyéndolas en voz alta:

-Amanecía en tanto caminaba por la ruta, sin ningún destino.
-Subió el astro rey en tanto rumbeaba por la ruta, sin ningún albo y enorme destino.

¿Cuál suena más cercana? ¿Cuál nos impone una voz extraña, con un timbre a locutor caduco?

No hace mucho leí una novela escrita en el año 2015 donde el autor llamaba al sol "astro rey". Cuando se escribió, siglos atrás, fue una novedad comparar al Sol con el rey del sistema solar. Quizás, ahí viene otro cliché, la Luna era la reina, la dama, la eterna compañera del Sol.

Otro asunto sobre los clichés se relaciona con el tono paródico o de comedia que puede despertar un personaje al expresarse de manera rimbombante o caduca. Quizás hasta nos parezca falso, hipócrita, mentiroso. Por ejemplo, un señor se despide de una señorita, en un jardín, al mediodía: "He venido a despedirme de tan bella dama cual margarita fulgurante bajo el astro rey. Envidia deben sentir las flores de este vergel."

¿Cómo les resultó la lectura? ¿No les pareció que el personaje sobreactúa?

TE RETO A
Escribir una lista de clichés y transformarlos en construcciones originales.

Desarmar a un villano

Tipo de reto: fragmento

Los personajes deben cambiar, crecer. Pueden superar un obstáculo, como en la novela *La mujer que pasó un año en la cama*; sobreponerse a un suceso traumático, como en *Ánima*; comenzar un viaje, como en la novela *El insólito peregrinaje de Harold Fry*. Los cambios son productos de procesos relativos a los objetivos que los guían y que se muestran a través de las acciones para conseguirlos. Por lo tanto, los personajes no debieran mutar repentinamente, salvo que la novela trate de un cambio evolutivo en las especies que hace que en un día se transformen en otras.

En las historias que has leído, ¿cuál ha sido el cambio del protagonista?

TE RETO A
Transformar a un villano de una novela o película.

SALVAVIDAS
-Caracteriza al villano elegido. ¿Qué lo hace malvado? ¿Qué podría cambiar? ¿Qué quiere conseguir?

-Altera uno de sus defectos hasta transformarlo en antagónico. Ejemplo, de irascible a calmo.

-Explica el motivo que ha impulsado la transformación.

Opino o reseño

Tipo de reto: fragmento

Reseñas de libros, reseñas de películas en *blogs*, reseñas de videojuegos. Ante la cantidad apabullante de alternativas en entretenimiento, la gente indaga antes de comprar. De igual manera, abundan los portales donde los consumidores califican un libro, una película. Sin embargo, "reseñar" y "opinar" no son sinónimos. Cualquiera puede opinar, es más, opinamos todo el tiempo sobre muchos temas, pero no todos reseñan.

"Me gustó", "me durmió", "esperaba otra cosa", "horrible", "hermosa", son opiniones. Relatan de manera subjetiva el punto de vista de quien leyó, por ejemplo, una novela. No aportan más que saber si a esa persona le gustó o no. Tampoco indaga o aclara los motivos de esta crítica negativa: el tipo de escritura es recargada, el final no era lo que esperaba, no pudo hilar la trama, resulta confusa en ciertas partes, etc.

La reseña es un escrito donde se expone la sinopsis, datos del autor sobre el proceso de escritura, se aclara la temática de la obra, se la relaciona con otras obras y se presenta la experiencia de lectura; aporta información de manera que invita a leer. La reseña incluye cierta opinión personal, pero fundamentada.

Para quien disfrute de la lectura y de la escritura, quizás sea interesante llevar un pequeño cuaderno de reseñas. Podemos incluir películas, obras teatrales. Estos apuntes nos ayudarán a ordenar las ideas. Además, es una buena excusa para escribir.

Entonces, una reseña puede organizarse de la siguiente manera:

-Título de la obra y autor o director.

-Contexto de producción: fecha de estreno, si es una obra que se encuentra disponible, si ha sido escrita o filmada por algún motivo puntual.

-Sinopsis.

-Temática que aborda.

-Relación con otras obras, ya sea por el tema o por el estilo.

-Relación con alguna problemática social.

-Aporte de la obra: por su estilo, por la novedad del planteamiento de la trama.

-Experiencia personal: aspectos que te han impactado, que te ha posibilitado pensar, si te ha emocionado, con qué personajes te has identificado.

-Conclusión.

Un dato muy importante: jamás contar el final de una novela o de una película ni aquellos sucesos sorpresivos. Es preferible una reseña corta, antes una que arruine la lectura a otro. Conocí a alguien que contaba sobre la película con una breve frase: "Es esa película que la chica muere". Por esto, creo que hay reseñas para nosotros y reseñas para compartir. Yo suelo escribir en mis libretas una sección que llamo "para mí" y es solo allí donde escribo sobre el final.

TE RETO A
Escribir una reseña de una película, un videojuego o de una novela.

Nace un mito

Tipo de reto: relato corto

Un mito es un relato referido a personajes dotados de poderes extraordinarios, de épocas remotas, que pretende explicar las causas y orígenes del universo, de los dioses, de la gente, de los elementos de la naturaleza y de otros fenómenos y sucesos, todos de interés humano (J. Escobedo, 2011).

Estos mitos no son obras de ficción ya que pertenecen al acervo de creencias de un grupo. A veces, subsisten luego que ese grupo ha desaparecido en el tiempo, tal es el caso de los mitos de los griegos antiguos, reescritos hoy como cuentos. En esa época, ellos creían que los dioses moraban en el Olimpo y que el Hades era un inframundo dominado por un dios bajo el mismo nombre.

Ya que contamos con una deidad o ser fantástico del reto "Mitológicas" vamos a crear su mito. Este mito puede explicar el origen de un accidente geográfico, la creación de ciertas especies, la aparición de un fenómeno.

TE RETO A
Crear un mito con el personaje del reto mencionado.

SALVAVIDAS
Relaciona algunos de los poderes con la creación de un fenómeno natural y explica cómo afectó al mundo o a la humanidad.

Como pez en el desierto

Tipo de reto: fragmento

Un pez, un puente y un desierto, a simple vista, no parecen poseer demasiada relación. Ya "pez" y "desierto" se me presentan como antagónicos. Y un puente sin agua es algo extraño. Quizás, un puente sobre un río seco. Ni bien pensamos en elementos que no tienen relación, nuestro cerebro intentan buscarle alguna. "El río se secó hasta ser un desierto y ahora los peces son solo peces de barro". Cuanto más extraños u opuestos son entre sí, tanto más parece que nuestro intelecto intenta buscarle una relación. Y siempre encuentra alguna causa que los ha atado. Ante cualquier acción que realizamos o acontecimiento que sucede intentamos encontrarle un motivo, aún a aquellos disparates, como una mancha en la pared que parece una persona, un vaso que rodó sin que nadie lo tocase. Muchos relatos nos atrapan porque queremos saber la causa de una desaparición, de algo misterioso, vamos tras esos motivos que se nos escapan.

TE RETO A
Escribir una escena relacionando un pez, un puente y un desierto.

Aforismos

Tipo de reto: fragmento

Un aforismo es una frase corta, contundente, que resume un principio, una máxima, una idea filosófica; es un pensamiento condensando, una conclusión, una forma de visualizar una temática. "El aforismo suele ir desde la ocurrencia jovial y ligera, como ese instinto de la fluidez verbal que es el ingenio, a la fórmula lapidaria que adopta la iracundia cínica y la facundia profética" (J. Biedma López, 1997).

Hoy día, quizás, ha cobrado auge con las nuevas tecnologías donde circulan aforismos colgados de paisajes en las redes sociales que comparten imágenes o en aquellas que solo permiten escribir unas pocas palabras. A veces, se transforman en medios para expresar ideas religiosas, mensajes positivos que nos ayudan a vivir y que, en minutos, viajan desde Japón hasta Argentina. Tal vez, su éxito reside en un tiempo, cada vez más escaso, que puede gastarse en unas pocas palabras. Quizás, esta causa explique parte del suceso de los microrrelatos.

Uno de los libros de aforismos que más he disfrutado, por su humor e ironía, es el de Georg Christoph Lichtemberg, un físico alemán que anotó en libretas frases cortas que fueron publicadas luego de su muerte. Él fue maestro de Humbolt y corresponsal de Goethe (G. Lichtenberg, 2006).

Comparto tres de sus aforismos:

-Quien tiene menos de lo que ambiciona, debe saber que tiene más de lo que merece.
-Él me desprecia porque no me conoce. Yo desprecio sus acusaciones porque me conozco.
-A lo largo de mi vida me han otorgado tantos honores inmerecidos que bien podría permitirme alguna crítica inmerecida.

TE RETO A
Escribir diez aforismos sobre un tema o varios temas de tu interés.

PARA INSPIRARSE
El inconveniente de haber nacido de Emil Cioran

A mi músico favorito

Tipo de reto: carta

Laurel le escribe cartas a los muertos. Todo comenzó cuando escribió la primera a Kurt Cobain como parte de una tarea escolar.

Luego, fueron cartas para Jim Morrison, Elizabeth Bishop y otras personalidades. De esto trata la novela de Ava Dellaira, *Cartas de amor a los muertos*, publicada en el año 2014.

TE RETO A
Escribir tres cartas a tres famosos.

Fan fans

Tipo de reto: fragmento

No he leído mucho *fanfiction*, lo reconozco, pero me interesó el tema a raíz de la controversia de *Cincuenta sombras de Grey*, novela inspirada en la saga de *Crepúsculo de* Stephenie Meyer. Luego, leí la novela *Fangirl*, en la cual una joven estudiante, que asiste al primer año de la universidad, continúa con la escritura de un *fanfic* sobre un mago.

Aventada por la emoción al terminar de jugar al videojuego de *Fallout 4*, escribí un final alternativo y las reflexiones de mi personaje en un diario (holocinta) para dejárselo a su hijo. La historia de *Fallout* es preciosa, pero se me hizo breve, necesitaba más información, poder descubrir más aspectos, alcanzar los momentos previos a la guerra. Y para eso, contamos con la imaginación. No sé si el resultado es un buen o mal *fanfic*, pero disfruté escribir sobre lo que me gusta.

Personalmente, creo que es positivo para ejercitarse y aprovechar los impulsos creativos, aunque en cierto momento es preferible invertir esa energía en una historia propia.

TE RETO A
Escribir una escena o varias escenas con uno o más personajes de una novela o película, de manera que pueda ser incluida en la trama.

Garateando kilimotos

Tipo de reto: fragmento

En otros retos hemos escrito *jitanjáforas* y *abecegramas*. Pero es posible reunir los dos tipos de juegos de palabras al escribir un *abecegrama* con algunas palabras inventadas y ordenas en un poema, que podríamos llamar: *abecejáfora*. Por ejemplo:

Amancha bien, cardumen dinerario
es fácil gamarlo hinostro.
Inférmido, garateando kilimotos
la maranta nada ñatoñato
oralita para qui.
Rizonto se tuerce un violante huaraz
xilometrario y zumeante.

TE RETO A
Escribir un *abecejáfora*.

Itinerarios

Tipo de reto: descripción

Recorremos ciudades y pueblos, observamos cientos de construcciones, árboles, ríos. Hemos construido socialmente cada uno de esos espacios y hasta compartimos la forma de mirar. Decimos de un edificio que es grande, descomunal, austero; un río es caudaloso, torrentoso, seco, profundo, cenagoso. De igual manera, decimos sobre aquellos fenómenos relativos al tiempo y que nos marcan las horas: *las nubes pasan como ovejas, el sol sale y nos baña de oro, el atardecer es rojizo y triste, el amanecer es glorioso y amarillo, los días de lluvia son grises y nostálgicos.* Pero

¿qué más podemos decir de todo esto sin caer en lo ya dicho un millón de veces?

¿Qué es el río Mississippi? Es un pedazo de tierra lavada en la noche lluviosa, un suave chapoteo desde las chorreantes orillas del Missouri, una disolución, un movimiento de la marea por el eterno cauce abajo, un regalo a las espumas pardas, un viaje a través de innumerables cañadas y árboles y malecones, abajo, siempre hacia abajo (Jack Kerouac, *En el camino*).

Dimos un breve paseo por el jardín del crematorio. El jardín de un crematorio se parece a un jardín de verdad casi tanto como un campo de golf a un paisaje genuino. El césped es demasiado uniforme y los árboles se yerguen con excesiva rigidez, como en un desfile. Y las urnas recuerdan las cajitas con arena donde se colocan las pelotas de golf (Graham Green, *Viajes con mi tía*).

TE RETO A
Describir un lugar de tu barrio sin clichés.

SALVAVIDAS
-Describe sin corregirte.
-Marca los adjetivos y cámbialos por otros más originales.
-Concéntrate en aquello que es único.

Yo digo, tú dices

Tipo de reto: diálogo

¿Cómo es posible que ella haya dicho eso? ¿Por qué él se ha quedado callado? Las frases anteriores suelo escucharlas cuando me comentan sobre una película o alguna novela. Quizás, algunas frases nos resultaron un poco artificiosas o no creíbles en boca de ese personaje. Ahora tienes la posibilidad de que exprese lo que tú quieras.

TE RETO A
Reescribir un diálogo de una novela o de una película.

Finales paralelos

Tipo de reto: reescritura

Hay finales de novelas que intuimos con facilidad. Algunos, nos desilusionan porque son demasiado abiertos o no terminan de la manera en que habíamos imaginado.

Algunos *fanfiction* comienzan por inventar otros finales y exploran la posible historia que nace de ese cambio y que culmina en otra obra. Recuerdo los finales alternativos para la saga de *Divergente* de Verónica Roth que circularon cuando algunos fanáticos propusieron otra conclusión.

¿Hay alguna novela que quisieras que hubiera terminado de otra manera? ¿Alguna película cuyo final deseas cambiar?

TE RETO A
Escribir un final diferente a una novela, videojuego o película.

Sin fe

Tipo de reto: lírico

¿Te gusta la poesía? ¿Te animas a escribir un poema? Puedes inspirarte en poetas clásicos como Neruda o Rubén Darío, pero también acercarte a la poesía contemporánea, la que escriben los poetas de tu ciudad o de tu país. Incluso, algunos escritores comienzan su jornada de escritura escuchando música, observando obras pictóricas, meditando, para predisponer su estado de ánimo hacia la sensibilidad creativa.

TE RETO A

Escribir una poesía que contenta los versos del poema *Bautismo* de Silvio Mattoni: "Pero aquí estamos sin ninguna fe / bajo el techo barroco de la iglesia".

Lágrima viva

Tipo de reto: fragmento

Descubrí el siguiente poema de Oliveiro Girondo al ver la película de Eliseo Subiela, *El lado oscuro del corazón*.

Llorar a lágrima viva. Llorar a chorros. Llorar la digestión. Llorar el sueño. Llorar ante las puertas y los puertos. Llorar de amabilidad y de amarillo.

Abrir las canillas, las compuertas del llanto. Emparnos el alma, la camiseta. Inundar las veredas y los paseos, y salvarnos, a nado, de nuestro llanto.

Asistir a los cursos de antropología, llorando. Festejar los cumpleaños familiares, llorando. Atravesar el África, llorando.

Llorar como un cacuy, como un cocodrilo... si es verdad que los cacuies y los cocodrilos no dejan nunca de llorar.

Llorarlo todo, pero llorarlo bien. Llorarlo con la nariz, con las rodillas. Llorarlo por el ombligo, por la boca.

Llorar de amor, de hastío, de alegría. Llorar de frac, de flato, de flacura. Llorar improvisando, de memoria. ¡Llorar todo el insomnio y todo el día!

En este poema, Girondo, al estilo de Cortázar, o al menos yo le encuentro un parecido, nos brinda instrucciones de cómo llorar. ¿Te animas a escribir otras instrucciones en verso o en prosa?

TE RETO A

Escribir las instrucciones para reír a mandíbula viva.

Primero el final

Tipo de reto: relato corto

Algunos escriben primero el final y luego arrancan con el principio. Jamás pude hacerlo de esta manera, pero, si les funciona, es una buena técnica. Otros, comienzan por las escenas de mayor tensión y después intercalan otras escenas menos centradas en los personajes secundarios.
En este reto propongo comenzar por el final.

TE RETO A
Escribir un relato que finalice con la frase extraída de *El Libro del desasosiego* de Fernando Pessoa: "El cielo en lo alto es de un verano muerto".

Tierra y Luna

Tipo de reto: diálogo

¿Qué podría decirle la Luna a la Tierra si dialogaran en esos efímeros momentos en que los dos se cruzan? Imaginen que cohabitan sin posibilidad de escape: la Luna siempre pegada a la Tierra. Muchos fenómenos terrestres se producen por su influencia, por ejemplo, las mareas. Además, la Luna ha inspirado a artistas desde la Antigüedad.
¿Te imaginas qué podrían decirse?

TE RETO A
Escribir un diálogo entre la Tierra y la Luna.

SALVAVIDAS
-¿Y si la Luna se enamoró de la Tierra? ¿Y si la Luna hechizó a la Tierra y las mareas son consecuencias de esa magia?

-Personifica a los otros planetas y escribe sobre el chismorreo interplanetario.

-Escribe sobre los intentos de la Luna por separarse de la Tierra.

El origen oculto de la lluvia

Tipo de reto: relato corto

Los mitos narran el origen de los fenómenos naturales, del ser humano, de su relación con las deidades. También, sobre la incorporación de ciertas tecnologías, por ejemplo, el fuego otorgado por los dioses. Un mito permite penetrar en la visión de mundo de un grupo humano, en su concepción de la vida y la muerte.

> Según su derivación del griego *mythos*, un cuento, y logos, un recuento, podría significar "un recuento de cuentos", siendo en este caso los cuentos sobre el origen, carácter y funciones de los antiguos dioses, desde el origen de la humanidad, y la condición primitiva del mundo visible. (A. Murray, 2013)

> Un mito es una explicación de las acciones de un dios o ser sobrenatural, usualmente expresada en términos de pensamiento primitivo. Es un intento de explicar la relación del hombre con el universo, y tiene, para quienes lo vuelven a contar, un valor predominantemente religioso; o puede haber surgido para "explicar" la existencia de cierta organización social, una costumbre o la peculiaridad de un ambiente. (L. Spence, 2013)

TE RETO A
Escribir el mito que explique cómo se originó la lluvia.

Todos los cuentos

Tipo de reto: relato corto

Cuando era niña, teníamos miedo al "viejo de la bolsa", al "hombregato". De todas las historias, las que más recuerdo con horror era de la ese muerto que fingía estar vivo, que vivía en su tumba y que salía para enamorar a las muchachas. Se contaba que una joven había descubierto la mentira cuando a ella se le ensució el suéter y él se ofreció a lavárselo. Cuando la joven se dirigió a la dirección que él le había dado, que resultó ser el cementerio, descubrió el suéter limpio colgado en la cruz de la tumba. Al acercarse, ella pudo leer el nombre de su enamorado inscripto en el mármol.

En muchos lugares es común que se narren hechos de este tipo. A veces, sobre alguna casa abandonada o un suceso que creen fue extraño. Hace poco, me contaron de un lugar en mi ciudad que si sacas una fotografía del campo abandonado, aparecerán espectros, personas que fueron asesinadas y están enterradas en ese lugar.

Este tipo de relatos se conocen como "leyendas urbanas". Se han editado varios libros compilando las narraciones de los habitantes de una zona.

Sin entrar en la discusión de si es una leyenda o no, diremos que todos los seres humanos se cuentan historias. Algunas, pasan de boca en boca y cambian porque quien cuenta agrega ciertos detalles. De fondo, persiste la duda de si es cierto o no que ese joven era un muerto.

> Yo no sé muchas cosas, es verdad. Digo tan sólo lo que he visto. Y he visto: Que la cuna del hombre la mecen con cuentos, que los gritos de angustia del hombre los ahogan con cuentos, que el llanto del hombre lo taponan con cuentos, que los huesos del hombre los entierran con cuentos, y que el miedo del hombre... ha inventado todos los cuentos. Yo no sé muchas cosas, es verdad, pero me han dormido con todos los cuentos... y sé todos los cuentos. (León Felipe)

193

TE RETO A
Indagar sobre alguna leyenda urbana en tu zona y narrarla en un relato corto.

Mi querido conde

Tipo de reto: carta

En el año 2004, una mujer de Nueva York manifestó que deseaba casarse con el Conde de Lautréamont y le envió una carta a Jacques Chirac solicitando autorización para llevar a cabo la ceremonia. Casarse es algo muy común, así como una declaración de amor a un poeta. Pero no así si el poeta lleva muerto más de cien años. El pedido no fue una locura ya que, según la ley francesa, el presidente puede autorizar un casamiento entre un vivo y un muerto. ¿No es una historia para una novela gótica?

TE RETO A
Escribir una carta a un poeta muerto.

Poema del corazón

Tipo de reto: plástica

La poesía visual consiste en la combinación de un poema con una imagen. El poema ya no se acomoda en los típicos versos, en el medio de la hoja, sino que usa todo el espacio, se ordena de manera que otorga un sentido extra a la lectura.

He visto muchos poemas visuales en las publicidades. Por ejemplo, un corazón dibujado con palabras agrupadas o la palabra paz repetida muchas veces hasta formar una paloma.

TE RETO A
Armar un póster con un poema visual.

SALVAVIDAS
-Escribe un poema corto. Recorta las palabras.
-Pega las palabras en la hoja y arma una figura que posea una relación con lo que expresa el poema.
-Pinta y decora.

Transporte público

Tipo de reto: fragmento

La literatura del absurdo se inicia a mediados del siglo XX y abarca obras que, al romper con lo esperable, provocan sorpresa y hasta risas. Además, incluyen críticas sociales, rescatan sucesos incongruentes y señalan las hipocresías al presentar una reflexión hacia el sentimiento de inutilidad y de carencia de sentido. Los acciones de los personajes suceden al margen de ciertas normas y costumbres, sucesos que por contraste permite retomar a lo instituido. Quizás lo interesante es hallar el sentido a todos estos sinsentidos.

TE RETO A
Escribir un diálogo entre dos personas que no logran entenderse y que viajan en un avión.

PARA INSPIRARSE
Esperando a Godot de Samuel Beckett.

A quién sonríes, Gioconda

Tipo de reto: relato corto

Las obras pictóricas constituyen un buen disparador para escribir ya que algunas muestran una escena dramática, asfixiante o triste, personas casi transparentes a través de las cuales podemos leer sus conflictos. Muchas de estas pinturas hasta se han rodeado de misterios. ¿A quién sonríe La Gioconda? ¿Es cierto que las obras de Leonardo Da Vinci esconden mensajes? ¿Aparee un OVNI en la Madonna de Saint Giovannino?

Que las pinturas son fuente de inspiración queda demostrado a través de muchas novelas. Una de las más conocidas y que ha dado origen a infinidad de historias es *El código Da Vinci* de Dan Brown. Otro ejemplo es la novela de Susan Vreeland escrita a partir de la pintura de Renoir, *Almuerzo de remeros*.

¿Quién sabe? Quizás puedan escribir una novela a partir de una visita a un museo de arte.

TE RETO A
Escribir una historia a partir de una obra pictórica.

OBRAS PICTÓRICAS PARA INSPIRARSE
-*El naufragio de don Juan* de Eugène Delacroix.
-*La señorita Castillo en su lecho de muerte* de Mariano Fortuna.
-*Maderos en el hielo* de Diego Rivera.
-*Vampiros vegetarianos* de Remedios Varo.
-*Carta de amor* de Jan Vermeer.
-*El alquimista* de David Teniers.

Pregunta para una chica

Tipo de reto: fragmento

En este reto continuamos respondiendo a preguntas halladas en las novelas. En este caso, una de Jack Kerouac de *En el camino*.

—¿Qué le pides a la vida? —le pregunté, y solía preguntárselo a todas las chicas.
—No lo sé —respondió—. Sólo atender a las mesas e ir tirando.
Bostezó. Le puse mi mano en la boca y le dije que no bostezara. Intenté hablarle de lo excitado que me sentía de estar vivo y de la cantidad de cosas que podríamos hacer juntos; le decía esto y pensaba marcharme de Denver dentro de un par de días. Se apartó molesta. Quedamos tumbados de espaldas mirando al techo y preguntándonos qué se habría propuesto Dios al hacer un mundo tan triste.

No es tan fácil de responder. ¿Te animas?

TE RETO A
Responder por escrito la pregunta de Jack Kerouac.

Las panderetas son lunas

Tipo de reto: lista

Una de mis muletillas al escribir es usar mucho "es como". Mientras escribo la primera versión no me detengo y dejo fluir la escritura. En el momento de corregir saltan todos esos "es como" y me molestan. Entonces, evalúo si es conveniente transformar esas comparaciones en metáforas o, si no aportan a la historia, borrarlas. Las conservo si puedo convertirlas en construcciones que otorgan sentido en el contexto de la obra o refuerzan alguna idea.

En las metáforas se borra el vínculo explícito "como" o fórmulas semejantes. Restan los dos términos vinculados. Incluso, hasta pueden reemplazarse uno de los términos por otros. Por ejemplo, Federico García Lora compara a la luna con una pandereta. Las dos maneras de relacionar un término resultantes son:

-Ella tocaba en su pandereta que era como una luna de pergamino.
-Ella tocaba en su luna de pergamino.

Y ahora comparen estas otras maneras de establecer vínculos de semejanza en *La peste* de Camus. ¿Cuál te parece más acertada?

-Una mujer menuda como ratoncito negro.
-Esa mujer era un ratoncito negro.
-Ese ratoncito negro.

TE RETO A
Transforme en metáforas a las comparaciones escritas en el reto "Tazas por orejas".

Desde el planeta Oxto

Tipo de reto: carta

Imagina una especie inteligente que soluciona los conflictos sin guerra ni violencia. Como su planeta se ha convertido en un desierto, buscan otro que les permita cobijar a su especie. A cambio, intercambiarán sus conocimientos tecnológicos. Luego de las primeras visitas al planeta Tierra, dudan si continuan con los contactos porque sospechan que usarán esos conocimientos para fabricar bombas. Entonces, escriben una carta a la humanidad con su punto de vista y su decisión final.

¿Qué dirán ellos de nosotros?

TE RETO A
Escribir una carta como si fueras un extraterrestre encargado de evaluar a la especie humana.

SALVAVIDAS
-Puedes concentrarse en un solo aspecto de la humanidad o puedes evaluar varios aspectos que posean un punto en común.
-Escribe una carta de presentación y anexa el informe del extraterrestre con los datos que él o ella evaluó sobre nuestra especie.

Jardín florido

Tipo de reto: fragmento

En algunas zonas del mundo aún persiste la costumbre de piropear. Cuando imagino el contexto, lo primero que aparece es un personaje de traje, corbata y bastón, algo así como salido de una novela del siglo XIX. No estaba tan errada: a Fernando Albiero Bertapelle, un italiano que emigró a Argentina en 1888, se lo apodó "Jardín Florido" por su costumbre de piropear; vestía con trajes elegantes, de bastón y galera, llevbaba claveles en los ojales. Hasta le han dedicado canciones y poemas (La voz del interior, 2008).

> Nada mejor puede suceder en esta esquina:
> la lluvia y usted.
> (Jardín Florido)

No debemos confundir "piropo" con "grosería". Los piropos suelen definirse como halagos que exaltan la belleza, aunque están prohibidos, por ejemplo, en algunas ciudades de México y en Bélgica. Para algunos, ronda el acoso y la falta de respeto porque que es muy difícil demarcar la frontera entre halago e insulto cuando existen zonas grises, gestos que se pueden agregar a las palabras. Además, se expresa que permiten vislumbrar desigualdades de poder entre los géneros. Pero dejemos de lado estas discusiones que sobrepasan el objetivo de este libro. Piensa en un personaje similar a Jardín Florido. ¿En qué época vive? ¿Cómo se viste?

TE RETO A
Escribir cinco piropos que tu personaje le dirá a su amor.

La habitación de don Phillips

Tipo de reto: descripción

Cuando pensamos en un dormitorio nos imaginamos: una cama, una mesa de luz, una lámpara, un ropero, ropa, cuadros. Si en una novela escribo que alguien entró en una habitación, no es necesario describir que el personaje observó una cama, ya que se incluye en la imagen "dormitorio". Pero es diferente si se menciona que alguien se llevó por delante un altar con una estatua de la Virgen María de un metro de altura. Es ese detalle el que hace que ese espacio sea distinto. Tal cual era el cuarto de un pariente, transformado en altares con cientos de estatuitas de santos a la sombra de una antena de televisión que abierta te obligaba a caminar doblando la cintura.

Cuando describas escenarios muestra lo inesperado que le permitirá al lector conocer a los personajes. Siempre aquello que nos sorprende perdura en nuestro recuerdo. Juro que jamás me olvidaré de cada detalle de la habitación de mi pariente.

TE RETO A
Describir una escena que transcurre en la habitación de una persona excéntrica.

Lo breve

Tipo de reto: fragmento

Un microrrelato o cuento breve puede abarcar solo una oración. Quizás, el éxito de estas narrativas se debe al escaso tiempo libre que disponemos a raíz de desarrollar mil actividades en cada jornada.

Se calcula que un relato corto posee una extensión máxima de unas doscientas palabras. Uno de los más conocidos es el de Augusto Monterroso, "El dinosaurio": "Cuando despertó, el dinosaurio todavía estaba allí".

TE RETO A
Escribir un relato breve que contenga las palabras "campana" y "colina".

Freelance

Tipo de reto: fragmento

Imagina que te han contratado como escritor y te han pedido que escribas una nota periodística. En un correo electrónico, te informan los datos mínimos a partir del cual deberás escribir: "Varios vecinos de Rousse dijeron que en una casa abandonada, todos los viernes, aparecen espectros que saltan a través de una ventana y desaparecen en el jardín trasero".

TE RETO A
Escribir una noticia periodística a partir del suceso mencionado. Inventa el nombre de los vecinos, el del periodista y otros datos necesarios para brindarle verosimilitud.

Cinco estrellas

Tipo de reto: ensayo

¿Cuántas películas o libros has leído porque te los han recomendado? Cuando alguien me habla de una película, por mi curiosidad, me lanzo a buscar información y reseñas. ¿Te animas a escribir una reseña corta? Piensa que debes influir a otro para que lea o concurra al cine. Despiera su curiosidad sobre el conflicto o el tema principal.

TE RETO A
Escribir una reseña de una película o serie de televisión que te haya gustado.

Primero las tapas

Tipo de reto: plástica

Un libro es una obra de arte. La portada forma parte del mensaje que el lector decodifica y es lo primero que mira. Él observa el todo de esa imagen: los objetos, las letras, el título. Luego, lee la sinopsis. Si le gusta lo que ve, continua hacia el interior del libro. Si en caso de estar en una librería y otra portada le llama la atención, dejará ese libro por ese otro que le atrae.

He visto libros con portadas descuidadas, con faltas de ortografía, con imágenes sin relación con la historia. Incluso, algunas pueden ofrecer un mensaje equivocado: una tapa de una pareja en un libro que trata de los obstáculos que se enfrenta una periodista hasta conseguir un empleo.

Para algunos, poseer un esbozo de la portada para su novela le ayuda a concluirla. Si nos hemos decidido por autopublicar, deberemos transformarnos en diseñadores y apelar a diseñar una portada lo más agradable posible, a pesar de la dificultad de adentrarnos en una profesión que no es la nuestra. Siempre es recomendable contar con un diseñador en caso de contar con los medios económicos para pagar por sus servicios.

El título también es un elemento fundamental. En tanto escribimos, podemos usar un título provisorio. "La noche oscura", por ejemplo. Luego, es necesario cambiarlo. "Noche oscura" no funciona. Si digo "noche", es evidente que es "oscura". Ahora, si dijera la "noche blanca", es otra cosa.

Muchos títulos poseen la estructura de: artículo + sustantivo + adjetivo. También: sustantivo + "de" + sustantivo.

El título no debiera contener un cliché; debe aportar cierto sentido de lectura, pero no revelar nada importante de la trama.

¿Y si lo intentamos?

TE RETO A
Crear una portada de una novela en una hoja blanca.

SALVAVIDAS
-Piensa en el género de una novela o un poemario que te gustaría escribir y en el tema que desarrolla.
-Busca imágenes de revistas o en Internet relativas al tema y arma un collage.
-Observa en una librería *online* portadas relativas al género escogido.

Dime " Gracia Lima"

Tipo de reto: lista

Muchos autores apelan a usar un seudónimo. Los motivos pueden ser diversos: separar sus áreas de trabajo, evitar una persecución política, porque su nombre es demasiado común y desean uno más original y único, preservar la intimidad. Algunos aducen que usar seudónimo les permite escribir con mayor libertad. Incluso, escogen nombres opuestos a su género. George Sand es el seudónimo de Amadine Aurore Lupin. La escritora adoptó un seudónimo masculino, la forma de vestir de los varones de esa época porque le permitía frecuentar hasta espacios vedados para las mujeres. La creadora de Harry Potter ha publicado bajo el seudónimo de Robert Galbraith.

El seudónimo puede ser un solo nombre, tal es el caso de Azorín. Incluso, puede reemplazar el nombre de manera que el escritor lo asume como una nueva identidad.

¿Escribirás bajo tu nombre o bajo un seudónimo?

TE RETO A
Inventar varios seudónimos, escoger uno para ti y fundamentar tu elección.

Mi nariz

Tipo de reta: lista

Es obvio que las palabras que usamos están cargadas de sentidos. Además, poseen sonoridad, peso, cuerpo. Algunas suenan fuerte, pero otras susurran. Dos palabras pueden reforzarse o anularse. No es lo mismo decir que su gato es "grande" o "enorme". Si un personaje es exagerado podría decir: "Ese gato es un gigante peludo". El desafío es hallar la palabra para ese tono en el cual vamos a escribir.

Una de mis películas favoritas es *Cyrano de Bergerac* ya que, según mi gusto, es un personaje magnético. Leamos lo que dice Cyrano sobre su nariz.

> Sois poco inteligente, jovenzuelo. Pueden decirse muchas más cosas sobre mi nariz variando el tono. Por ejemplo, agresivo: "Si tuviese una nariz semejante, caballero, me la cortaría al momento"; amigable: "¿Cómo bebéis; metiendo la nariz en la taza o con la ayuda de un embudo?";

descriptivo: "¡Es una roca... un pico... un cabo...! ¿Qué digo un cabo?... ¡es toda una península!"; curioso "¿De qué os sirve esa nariz?, ¿de escritorio o guardáis en ella las tijeras?"; gracioso; "¿Tanto amáis a los pájaros que os preocupáis de ponerles esa alcándara para que se posen?"; truculento: "Cuando fumáis y el humo del tabaco sale por esa chimenea... ¿no gritan los vecinos; ¡fuego!, ¡fuego!?"; prevenido: "Tened mucho cuidado, porque ese peso os hará dar de narices contra el suelo", tierno; "Por favor, colocaros una sombrilla para que el sol no la marchite"; pedante: "Sólo un animal, al que Aristóteles llama hipocampelefantocamelos, tuvo debajo de la frente tanta carne y tanto hueso"; galante: "¿Qué hay, amigo? Ese garfio... ¿está de moda? Debe ser muy cómodo para colgar el sombrero"; enfático: "¡Oh, magistral nariz!, ¡ningún viento logrará resfriarle!"; dramático; "¡Es el mar Rojo cuando sangra!"; admirativo: "¡Qué maravilla para un perfumista!"; lírico: "Vuestra nariz... ¿es una concha? ¿Sois vos un tritón?"; sencillo: "¿Cuándo se puede visitar ese monumento?"; respetuoso: "Permitidme, caballero, que os felicite; ¡eso es lo que se llama tener una personalidad!"; campestre: ¿Qué es eso una nariz?... ¿Cree usted que soy tan tonto?... ¡Es un nabo gigante o un melón pequeño!"; militar: "Apuntad con ese cañón a la caballería!"; práctico: "Si os admitiesen en la lotería, sería el premio gordo". Y para terminar, parodiando los lamentos de Píramo: "¡Infeliz nariz, que destrozas la armonía del rostro de tu dueño!". Todo esto, poco más, es lo que hubierais dicho si tuvieseis ingenio o algunas letras. Pero de aquél no tenéis ni un átomo y de letras únicamente las cinco que forman la palabra "tonto". Además, si poseyeseis la imaginación necesaria para dedicarme, ante estas nobles galerías, todos esos piropos, no hubieseis articulado ni la cuarta parte de uno solo, porque, como yo sé piropearme mejor que nadie, no os lo hubiese permitido. (E. Rostand, 2011)

TE RETO A

Escribir sobre una parte del cuerpo o un objeto en cada uno de los tonos mencionados en la cita *de Cyrano de Bergerac.*

Pelusa de orugas

Tipo de reto: lírico

Un *haiku* es un poema japonés escrito con la fórmula de tres versos de cinco, siete y cinco sílabas cada uno. Su origen se remonta al siglo XVI. A los poetas que escriben *haikus* se los conoce como "haijin".

Este tipo de obra lírica influenció a los poetas occidentales recién en el siglo XX, aunque fue complicado imitar la estructura exacta ya que las sílabas no existen en el sistema japonés de ideogramas, como expresa Alberto Silva en *El libro del haiku*.

> Los japoneses no tienen de ella un concepto similar al que usamos en Occidente: para ellos, sílaba es una simple unidad de duración. El número de sílabas se equiparan más o menos a los grafemas o caracteres de los tres "alfabetos" empleados.

A pesar de estas dificultades, varios poetas han escrito *haikus*, como es el caso de Juan José Tablada o Mario Benedetti. Es posible obviar las mayúsculas y los signos de puntuación.

> los pies de lluvia
> nos devuelven el frío
> de la desdicha
> (M. Benedetti)

> quiero vivir
> hasta el último instante
> de la tiniebla
> (M. Benedetti)

El *haiku* "viene a ser la experiencia de una sensación" (A. Silva, 2010). Es un instante detenido a en las mínimas palabras; nace de la contemplación, una manera expectante y abierta de observar el mundo.

De mañana, la brisa
eriza la pelusa
de las orugas
(Buson)

TE RETO A
Escribir diez *haikus*. No es necesario respetar la cantidad de
sílabas, aunque es recomendable acercarse a su sonoridad.

PARA INSPIRARSE
-*Rincón de haikus* de Mario Benedetti.
-*Haiku de las cuatro estaciones de* Matsuo Basho.

Preguntas para un vampiro

Tipo de reto: personaje

Anne Rice publicó en el año 1976 una novela que luego ha sido
llevada al cine: *Entrevista con el vampiro*. En ella, un periodista
solicita mantener encuentros con Louis para escribir un artículo.
Louis acepta narrarle sobre vida.

Y tú, ¿qué preguntas le harías a Lestat de Lioncourt? Imagina que eres un escritor que lo contacta porque investigas para
tu novela.

Trata de despojarte de los estereotipos, eso del ajo y dormir
en un ataúd. Piensa en la soledad de quien vive aislado y es un ser
único.

TE RETO A
Escribir la entrevista que un escritor le propone a un vampiro.

Novela de arena

Tipo de reto: reescritura

Hace unos días, encontré en Internet la propuesta de un autor que me sorprendió muchísimo: Milton Läufer nos ofrece *Lagunas,* una novela original porque no existen dos versiones iguales. En la sección de bibliografía agrego el enlace para su consulta.

Luego que solicitamos la novela en su página *online*, un programa, mediante algoritmos, genera un texto que será irrepetible. Si viviera Borges, pensé, estaría encantado. *Lagunas* es una novela sin fin, infinita, como una novela de arena.

> El argumento sucede en un futuro cercano: el protagonista huye de atentados relacionados con el uso de las impresoras 3D y se refugia en las montañas, donde conoce a Eve, una antropóloga francesa. Pero los atentados aumentan y sirven para disparar preguntas acerca de cómo vivimos actualmente y de cómo la sociedad y el individuo sostienen su relato, su memoria, acerca de cuál es su identidad. Por eso el cambio de cada copia no es sólo un juego formal: se relaciona con el tema de la novela. (R. Toriz, 2016)

Esta propuesta me pareció similar a la de los videojuegos de estilo narrativo, por ejemplo, *Dear Esther,* en la cual los fragmentos narrados en una voz en *off* aparecen cuando el jugador "toca" un objeto o "pisa" algún espacio de una isla. Según cada recorrido, se armará una historia distinta. Esta manera de narrar por fragmentos genera una participación muy activa del lector ya que es su acción la que organiza la secuencia de la historia.

TE RETO A
Desordenar un relato muy breve en oraciones y volverlas a armar con un orden diferente.

SALVAVIDAS

-Escribe cada oración de un relato breve en una nueva línea. Puede ser un relato de otro autor o uno propio.

-Recorta cada oración. Mézclalas y extrae cada una para armar un nuevo texto.

-Reescribe el texto a partir del nuevo ordenamiento.

-Como alternativa, se pueden numerar las oraciones, sin recortar el texto, y extraer números al azar.

-Incorpora otras oraciones para otorgar sentido en caso de ser necesario.

Estrellas

Tipo de reto: fragmento

En este reto podrás hablar de tu escritor o actor favorito, te convertirás, por un rato, en un biógrafo, tal como Hermione Lee lo fue de Virginia Wolf.

Al ser un ejercicio, por lo tanto, poseerás la libertad de inventar algunos aspectos de la vida.

TE RETO A

Escribir la biografía de un famoso.

SALVAVIDAS

-Busca personas relativas a un tema de interés desde magos del siglo XIX hasta la primera mujer aviadora.

-Extrae uno de estos personajes al azar y comienza a escribir.

Caballos de agua

Tipo de reto: fragmento

Lo que interesa es la forma en que
una palabra, escogida al azar,
funciona como una «palabra mágica»
para desenterrar campos de la memoria
que yacían sepultados por el polvo del tiempo.
Gianni Rodari

En *Gramática de la fantasía*, Gianni Rodari formula una técnica para fomentar la creatividad: el binomio fantástico. Su idea nació de su trabajo de maestro, de sus lecturas de Novalis y sus reflexiones en torno a la fantasía y las propuestas surrealistas. Publicó sus ideas y técnicas guiado por la pregunta: "¿Cómo se inventa una historia?". Según él, una historia nace de un binomio fantástico, de dos palabras muy diferentes en relación de oposición. A partir de esta dupla, la mente operará buscando relaciones, ejercicio que favorece la imaginación. El resulto de esta actividad se convertirá en el germen de una nueva historia.

Para arribar a dos conceptos diferentes, no es válido pensar en "caballo" y en una palabra relacionada ya que asociaremos con términos ligados desde nuestro sentido común. Lo intenté y la lista resultante ha sido: "carro", "herradura", "heno", "camino", "batalla".

Rodari aconseja elegir las palabras al azar, por ejemplo, al abrir un libro en cualquier página. En este caso, repetí de nuevo el ejercicio y el binomio resultante ha sido: "caballo" y "agua".

Podemos relacionar estas dos palabras de diversas maneras:

-El caballo bajo el agua.
-El caballo de agua.

Luego, ampliamos la idea:

-El caballo bajo el agua es un pez sin branquias.

210

-El caballo de agua afloró en la mitad de un desierto.

A partir de estas ideas previas, agregamos nuevas ideas hasta formar unos párrafos, la materia prima para una futura historia. Lo interesante de esta propuesta es la originalidad de los textos resultantes mediante relaciones fuera de lo común.

Dentro de esta idea, también podemos considerar la propuesta surrealista llamada "aproximaciones insólitas" que se basa en "la capacidad que tiene la imaginación de captar relaciones que la razón jamás hubiera sospechado" (A. Pellegrini, 2006).

TE RETO A
Elegir dos palabras al azar de un libro y escribir oraciones.

Hechiceros

Tipo de reto: fragmento

¿Quién no quisiera poseer la receta para elaborar un filtro o hechizo de amor y conquistar a ese chico o chica que nos tiene chiflados?

Siempre me interesó el tema de la magia, la brujería y los encantamientos. Tuve mi experiencia de crear filtros para hacer el bien ya que siempre sería una bruja buena. También he intentado atajos mágicos, como cuando era adolescente y lancé un hechizo para aprobar un examen. Aclaro que no produjo resultado, pero al menos fue más entretenido estudiar. Existen hechizos para todos los gustos: de amor, de lluvia, de dinero, de paz, de venganza, de éxito. Que sean eficaces, ya es otra historia.

Una canción de Juan Manual Serrat explica el método para elaborar un filtro de amor.

Córtela a tiras para que vaya soltando el jugo,
y en lugar seco, lejos del gato, sin darle el sol,

déjela un mes macerándose con menta y alcohol
y olvídese de las rogativas y los conjuros.

Y en tanto pasan los días, interminables,
acósela con su proverbial galantería.
Mándele flores varias veces al día
y propóngale que le presente a sus padres.

TE RETO A
Inventar un hechizo de amor y escribir las instrucciones para
llevarlo a cabo.

PELÍCULAS PARA INSPIRARSE
-*Hechizo de amor* de Griffin Dunne.
-Charmed de Constance Burge (serie de televisión).
-*El castillo ambulante* de Hayao Miyazaki.
-*Bibi, la pequeña bruja* de Hermine Huntgeburth.
-*Stardust* de Matthew Vaughn.

Yo: escritor

Tipo de reto: fragmento

¿Te imaginas de escritor, en tu futuro? ¿Qué obras habrás escrito? ¿De qué género? ¿Dónde vivirás? ¿Cuáles serán tus obras publicadas? ¿Cuáles fueron los obstáculos que has sobrepasado para alcanzar tus metas? ¿En dónde has presentado tus novelas? ¿Has firmado tus libros?

TE RETO A
Escribir tu biografía de escritor para la contraportada de una de tus novelas publicada en el año 2036.

De una mesa a una silla

Tipo de reto: carta

En este reto, vamos a seguir la propuesta de George Lichtenberg:

> También deberíamos escribir correspondencias entre cosas inanimadas. Cartas del meridiano de Gotinga a su hermano en Greenwich. Un taburete se dirige a una silla. Conversaciones secretas entre el tintero y el secante, su filosofía sobre los objetos aledaños.

TE RETO A
Escribir una carta dirigida de un objeto a otro objeto.

SALVAVIDAS
Puedes complejizar el reto buscando, de cualquier libro, nombres de objetos al azar.

Mi soberana

Tipo de reto: carta

¿Has escrito alguna carta a los amores de tu vida?
Hay cartas de amor que nos hacen llorar por más que no se han escrito para nosotros. Recuerdo la correspondencia entre Nora Barnacle y Henry James o las cartas que Kafka le escribió a Felice.

> Eres pelirroja y buscas rosas. Seguramente tienes la misma naturaleza que aquéllas. ¿Por qué, entonces, reclamas una flor que en poco tiempo deja de existir? ¿Por qué coronas tu cabeza con fuego? (Filostrato, *Cartas de amor*)

> Os asombráis de que sea posible que el hombre tenga que sufrir dos muertes sobre la tierra: la del amor y la de la naturaleza. Puedo, pues, creer que cuando comencé a

amaros comencé también a morir, ya que la muerte es considerada como la separación del alma y el cuerpo y perdí el espíritu en el momento en que os quise: pero cuando con pena de amor os sufra aún en la parte a que la condición animal nos obliga (aunque no sienta más los dolores en la primera), no dejaré de acordarme eternamente de ello en el más allá; y si en el otro mundo, al igual que en éste, se distinguen calidades seréis siempre mi soberana; y yo, aunque sea entre las llamas que devorarán mi sustancia, seré siempre vuestro servidor más ardiente. (Cyrano de Bergerac, *Cartas de amor*)

TE RETO A
Escribir una carta a tu amor presente, del pasado o del futuro.

OBRAS PARA INSPIRARSE
-*Carta de una desconocida* de Stefan Zweig.
-*Cartas de amor* de Pablo Neruda.

Alicia en el país de Oz

Tipo de reto: relato corto

Ya hablamos del *crossover* en el reto "Cables cruzados". En este reto te proponemos que incluyas a Alicia, de Lewis Caroll, en el mundo del mago de Oz. Compara a la dulce Dorothy Gale, siempre dispuesta a ayudar, con la Alicia que, según mi lectura, es un tanto perversa. "Si hubiera crecido se hubiera convertido en un niño espeluznantemente feo" "A mí no me gusta estar entre locos" ¿Le gustará viajar junto a un hombre de latón a medio oxidar y un espantapájaros? ¿Los ayudaría? ¿Cómo se sentiría Dorothy con la entrometida de Alicia?

TE RETO A
Escribir un relato en el cual Alicia, luego de caer por el agujero, aparece en Oz.

La lira de la ira

La mayoría de los poetas contemporáneos no apelan a la rima, como en otras épocas, sino que optan por un verso libre en el cual la rima se suspende y aparecen otras maneras de conseguir esa melodía poética, por ejemplo, mediante repeticiones, rimas internas, es decir, no entre finales de versos sino dentro de los versos. Escribir contando sílabas y con rima puede ser entretenido como desafío, pero encorseta a la hora de crear ya que la cantidad de palabras que riman con "espejo" no es infinita. Ya lo dijo Antonio Machado:

> Verso libre, verso libre...
> Líbrate, mejor, del verso
> cuando te esclavice.

No obstante, en este reto, vamos a convertirnos en un rimador del siglo XIX.

TE RETO A
Escribir veinte palabras que rimen con "lira" y armar con ellas un soneto.

Diez palabras

Tipo de reto: fragmento

Las técnicas surrealistas que incluyan al azar constituyen un disparador para asociar palabras. Incluso, es posible armar una oración de diferente manera mediante la alteración del orden de cada segmento de la misma. Algunos autores apelan a imprimir, en esta ruptura, un cierto caos o desorden al texto, incluso, un estado alterado de conciencia, una situación onírica. En estos intentos, es posible transgredir las normas y suprimir signos de puntuación, tal es el caso del tipo de escritura que hallamos en La caverna de José Saramago. Aclaro que las mayúsculas luego de la coma son intencionales y no deben confundirse con un error.

> No lo hizo, súbitamente la hija pasó a tener ocho años, y él le decía, Fíjate bien, es como cuando tu madre amasa el pan. Hacía rodar la pella de arcilla adelante y atrás, la comprimía y la alargaba con la parte posterior de la palma de las manos, la golpeaba con fuerza contra la mesa, la estrujaba, la aplastaba, volvía al principio, repetía toda la operación, una vez, otra vez, otra aún, Por qué hace eso, le preguntó la hija, Para no dejar dentro del barro caliches, grumos y burbujas de aire, sería malo para el trabajo, En el pan también, En el pan sólo los grumos, las burbujas no tienen importancia.

James Joyce en Finnegans Wake experimenta con la escritura, incorpora lo onírico e inventa hasta un lenguaje. Comparto un fragmento del inglés. Imaginen lo difícil que ha sido la traducción al español.

> Bump!
> Bothallchoractorschumminaroundgansumuminarum-
> drumstrumtrumi
> nahumptadumpwaultopoofoolooderamaunsturnup!
> — Did do a dive, aped one.
> — Propellopalombarouter, based two.
> — Rutsch is for rutterman ramping his roe, seed three.
> Where the
> muddies scrimm ball. Bimbim bimbim. And the mai-
> dies scream all.
> Himhim himhim.

TE RETO A

Buscar en libros diez palabras elegidas al azar y escribir la mayor cantidad posibles de oraciones que incluyan al menos tres de ellas, pero con la particularidad de que el texto rompa ciertas normas de escritura.

Debate sobre la altura

Tipo de reto: diálogo

Inspirados en los diálogos de Giacomo Leopardi (1995), esta vez vamos a dar voz a un duende y a un gnomo, enemistados por conseguir la mejor parcela de un bosque, la que posee vista al lago y a un campo silvestre de frutillas; el duende y el gnomo discuten, al principio, por la parcela y los derechos de propiedad, para terminar en un debate enfervorizado sobre la estatura.

No te olvides de inventar nombres a los personajes y al bosque.

TE RETO A
Escribir un diálogo entre un gnomo y un duende.

En otros zapatos

Tipo de reto: fragmento

¿Podemos escribir un relato poniéndonos en la piel de un asesino? ¿Cómo es posible escribir de algo que uno nunca vivió? Para eso está la imaginación. En *El atormentador de sí mismo*, de Terencio, Cremes dice: "Soy hombre; y por lo tanto, nada que sea humano me resulta extraño". Una buena frase de cabecera para los escritores.

TE RETO A
Escribir un texto como si fueras un personaje con una personalidad muy opuesta a la tuya.

Espacio en blanco

Tipo de reto: lírico

Cada uno escribe por motivos diferentes, aunque no infinitos. Algunos por dolor, por sufrimiento; otros, para entretenerse, para obtener prestigio, porque es la manera en que pueden expresar sus ideas, para llorar aquello que no pueden llorar de otra forma.

En el poema "Escribir" de Chantall Maillard, de su libro *Matar a Platón*, ella brinda otros motivos:

> Escribir
> porque alguien olvidó gritar
> y hay un espacio blanco
> ahora, que lo habita.
>
> Escribir
> porque es la forma más veloz
> que tengo de moverme.

TE RETO A
Enumerar tus motivos para escribir.

Desorden

Tipo de reto: diálogo

Según Will Eisner (1998), el cómic es un arte secuencial, un relato contado mediante una serie de imágenes ordenadas de manera que el lector debe anudar lo que se cuenta con aquello que se elide, llenar los saltos entre una imagen y otra, suponiendo de que cada una se ubica en una ordenación cronológica.

El cómic también ha sido un medio para relatar autobiografías o sucesos históricos. Recuerdo una serie de historietas que narraban hechos de la historia argentina y que de niña me servían para entender dicha materia de una manera más entretenida. La historieta también ha permitido analizar situaciones sociales, por ejemplo, los regímenes totalitarios. Héctor Oesterheld, escritor y guionista argentino, es el creador del Eternauta, obra publicada entre 1957 a 1959. Hay quienes han leído en ella una crítica a la guerra y a las dictaduras. En El eternauta II ya no se habla de una invasión alienígena, sino de un "Ello" contra el cual luchar, en un mundo post-apocalíptico.

TE RETO A
Recortar cuadros de historietas, mezclarlos y ordenarlos de distinta manera. Reescribir los diálogos para brindarles sentido.

PARA INSPIRARSE
-*Persépolis* de Satrapi Marjane.
-*Sin City* de Frank Miller.
-*V de Vendetta* de Alan Moore y James Lloyd.
-*Akira* de Katsuhiro Otomo.

Metáforas locas

Tipo de reto: lista

Ya hemos escrito comparaciones ("Tazas por orejas"), las hemos transformado en metáforas ("Las panderetas son lunas"). En este reto vamos a dejar que el azar establezca relaciones entre dos términos en búsqueda de conexiones originales.
Elegí la palabra "taza" y busqué tres palabras al azar en un libro de poesía: "brazos", "lluvia" y "risa". A continuación, establecí relaciones de semejanza entre ellos.

-El asa de mi taza es como un brazo.
-La taza es como un pozo que rebalsa la lluvia.
-La taza es como una boca que se muere de risa.

TE RETO A
Establecer semejanzas entre dos sustantivos elegidos al azar
por medio de comparaciones y metáforas.

Viaje imaginario

Tipo de reto: plástica

¿Es posible escoger de escenario, para una novela, un lugar al que no hemos visitado? Sí. De lo contrario, no podríamos escribir sobre sitios que no existen, ambientaríamos todas nuestras novelas en las ciudades que conocemos y en nuestra época. Es más, viajar, contar con dinero para ello, sería obligatorio para escribir, lo cual generaría una situación de desigualdad con aquellos escritores que no pueden trasladarse, por motivos de dinero o de trabajo. Por suerte, Internet nos brinda información y herramientas para escribir sobre lugares que no conocemos. Uno de ellos es *Google Street View*. También, podemos apelar a guías de viajeros, mapas, blogs de turistas donde narran sus experiencias, *fotovlogs, vlogs*.

Muchos quienes disfrutamos viajar y conocer lugares nuevos, también lo hacemos con la imaginación recreando espacios que nos gustaría visitar, desde una playa de arenas blancas y mar turquesa, hasta una ciudad medieval y un reino habitado por dragones.

En un buscador en línea encontré varias libretas de viajeros que se conocen como *travel journals,* en las cuales se mezclan dibujos, fotos y escritura. Además, pegan boletos, postales, hojas secas y todo aquello que han coleccionado durante su travesía. Los diarios de viajes son una fuente muy rica para cualquier escritor.

En este reto deberás elegir un lugar que nunca hayas visitado para escribir unas hojas de uno de estos diarios. Puedes ilustrarlas con fotos impresas, recortes, dibujos. Algunas preguntas a considerar: ¿qué vemos?, ¿qué emociones nos disparan los objetos y las casas?, ¿qué sucede en esa esquina o en esa calle?, ¿qué compramos en los comercios?, ¿cómo es caminar por ese lugar?, ¿con quién nos encontramos?, ¿cómo son las personas que habitan ese lugar?, ¿qué historias se cuentan?, ¿cuál fue el último suceso que la gente recuerda?

Este ejercicio puede ofrecernos una fuente de inspiración y datos para utilizar, a futuro, en nuestros escritos.

TE RETO A
Escribir una página del diario de un viajero y decorarla con imágenes, postales u otros elementos significativos.

En la bolsa

Tipo de reto: lista

En la búsqueda de actividades para plástica, hallé un ejercicio que consistía en hacer un collage con lo que teníamos en la basura. Son muchos los artistas que apelan a la reutilización de materiales y es una buena manera de reciclar. Pensemos en las toneladas de basura que tiramos en un año. Incluso, la antropología ha estudiado los hábitos en la manipulación de los deshechos: cómo se descarta, qué se selecciona, qué pervive, en qué espacios se arroja. La basura habla de nuestros patrones de consumo, de higiene. En los sitios arqueológicos se suelen identificar aquellos lugares donde los habitantes del pasado arrojaban los restos de alimentos y los objetos rotos. A través de su análisis, los arqueólogos pueden conocer los hábitos alimenticios, el comercio, las tecnologías de esos pobladores que murieron hace cientos de años.

Existen espacios en el mundo que han quedado abandonados por las guerras, por contaminaciones, por fracaso en las actividades económicas, por tragedias naturales. Los objetos decantan a pesar de los años, se visten del ropaje de telas de araña y de pelusas. Es posible recrear las formas vida, las actividades y hasta los gustos de esos habitantes ya devenidos en fantasmas.

Un caso, un poco extremo es el de Bruno Mouron y Pascal

Rostain, paparazzi que, inspirados en estudios científicos sobre hábitos de consumo a partir de la basura, rebuscaron en las bolsas de residuos de celebridades durante veinticinco años. Al final, expusieron esos desechos sobre paños negros como si fueran joyas en una vitrina de museo (C. Fernández, 2014).

TE RETO A
Listar lo que ha arrojado a la basura algún personaje de tu invención.

SALVAVIDAS
-Haz lo mismo con un personaje de una novela, película o serie de televisión.
-¿Qué podría haber arrojado a la basura Gatúbela? ¿Y Sheldon de la serie de *Big Bang Theory*?

Acto de magia

Tipo de reto: fragmento

Los grupos humanos han desarrollado mecanismos para enfrentarse a las tormentas por medio de plegarias y ritos mágicos. En la época de mi abuela, para fomentar el amaine de las tormentas, se prendían velas bendecidas, se dibujaba una cruz de sal en un rincón de la casa o se hundía un cuchillo en la tierra en dirección del viento.

Aún se reza a Santa Bárbara tanto para las tormentas como en caso de incendios y catástrofes: "Santa Bárbara bendita, llévate lejos esta tormenta". Aprendí que hay que repetirla tres veces de frente a la luz de una vela.

Bronislaw Malinowski explica en *Los argonautas del Pacífico occidental* que ellos poseían una magia para espantar a las tormentas y también para resucitar a quien fue muerto por un rayo (B. Manilowski, 2001).

TE RETO A
Escribir un hechizo para aplacar a un tornado.

Nacimiento

Tipo de reto: plástica

Uno de los momentos que más disfruto al escribir una novela es crear un personaje: buscar un nombre, diseñar el estilo de su vestimenta, reconstruir sus traumas, su forma de caminar. Siento que, poco a poco, se perfila una nueva persona. Incluso, con la sensación de haberla conocido y que se ha transformado en un recuerdo.

Hay muchas técnicas para construir personajes. Algunos optan por escribir cartas de presentación, responder una serie de preguntas, someter al personaje a un test psicológico.

El nombre de nuestro personaje es fundamental. Los lectores lo repetirán durante toda la lectura, incluso, podrán acordarse durante años o durante el resto de sus vidas. También pasará a ser para ellos un recuerdo de alguien que han conocido y que habita en la virtualidad del tiempo pasado.

> —Eso de los nombres es muy interesante —dijo mi tía—. Tu nombre de pila es inocuo, incoloro. Es mejor llamarse así que haber sido bautizado con el nombre de Honesto, porque entonces hay que vivir de acuerdo con él. Una vez conocí a una muchacha llamada Consuelo y su vida era muy triste. Atraía a los hombres desdichados simplemente por su nombre, cuando en realidad era ella la que necesitaba consuelo. Se enamoró perdidamente de un hombre llamado Valiente que tenía un terror pánico a las ratas. (Graham Greene, *Viajes con mi tía*)

El nombre puede reflejar la personalidad, el lugar de nacimiento, la relación con la familia, por ejemplo, si recibió el nombre de un antepasado o eligieron el nombre por algún suceso. En una de mis novelas, *Tres formas de calzar un zapato prestado*, aprovecho el nombre del protagonista para explicar sobre la personalidad de su padre.

> Clemente jamás erraba un tiro. Hasta era capaz de disparar dos veces casi en el mismo agujero. "Debería haber sido francotirador". "Franco, el tirador", dijo uno de sus hermanos. Risas. "Le puse 'Franco' porque creía que sería un buen tirador". "Y vos sos 'Valentín' por 'valiente' y vos 'Lucio' porque sos una luz". "Y vos sos 'Clemente' por tu 'clemencia'", dijo Franco, pero nadie se rió. Luego, su madre le contaría que ella había elegido el nombre de cada uno de sus hijos, y el de él significaba "franqueza", algo escaso y valioso.

> Jamás su padre lo había abrazado. Pero esa tarde, lo llevaba en andas, casi volando. Su padre caminaba y sacaba pecho, mientras sonreía y señalaba a los hermanos, "este es mi Franquito, como el Franco de España", para luego apretarlo contra él. Franco había escuchado los latidos fuertes y acelerados del padre, la cosquilla de su excitación ante la victoria reciente.

En otras obras, los personajes pueden no tener nombre y ser llamados por su profesión o alguna característica: el "doctor", el "hombre". Así fue que elegí el nombre de un personaje que traficaba información: "el Loco".

TE RETO A
Construir una ficha de un personaje con imágenes de revistas.

SALVAVIDAS
-Recorta una foto de una persona que podría ser tu personaje.
-Pega otras imágenes que ilustren los gustos o su personalidad.
-Inventa el nombre acorde a la persona, lugar de nacimiento u otros datos de su biografía.

Discurso para el rey

Tipo de reto: fragmento

Entendemos un discurso como una serie frases que manifiestan la opinión o el sentimiento sobre un tema determinado.

Algunos escriben discursos para políticos, para celebraciones o conmemoraciones. Recuerdo los discursos que me conmovieron en actos a los cuales asistí, pero también aquellos escuchados en películas o leído en libros. Aún pervive la emoción que me permitieron experimentar o la sorpresa ante un hecho que desconocía.

Transcribo un fragmento de una de mis películas favoritas. Uno de los personajes expone su amor hacia la humanidad, a pesar de la destrucción causada por una hecatombe nuclear. La película es una obra maestra rusa, difícil de conseguir: *Cartas de un hombre muerto* (1987) de de Konstantin Lopushansky.

> Pues bien, a juzgar por todo, la historia de la humanidad ha terminado. Es hora de sacar las conclusiones. Y pienso que hay que hacerlo con serenidad, sin afectación vulgar. Hoy quiero hablar con ustedes de muerto a muerto, es decir, con franqueza. Permítanme un pequeño discurso en defensa de la humanidad como género biológico. Éste fue un género trágico que, posiblemente, estaba condenado de antemano. Nuestro fatal y maravilloso destino consistió en que pretendimos alcanzar lo inalcanzable, en querer ser mejores en lo que nos hizo la naturaleza. Hallábamos fuerzas para ser compasivos, contrariamente a las leyes de subsistencia, para sentirnos dignos de nosotros mismos, si bien siempre fuimos pisoteados; para crear obras de arte, conscientes de que eran inútiles y efímeras. Hallábamos fuerzas para amar. ¡Señor mío, lo que nos costó todo esto! Pues el tiempo implacable destruía cuerpos, ideas y sentimientos. Pero el hombre continuaba amando. Y el amor creó el arte que plasmó nuestra nostalgia supraterreste por un ideal. Nuestra infinita desesperación y clamor de horror. Un lamento de seres pensantes y solitarios en ese gélido e indiferente desierto del cosmos.
>
> Entre estas paredes se han dicho muchas palabras de odio, desprecio y burla respecto del hombre. Pero hoy no le

arrojaré una piedra. No, diré que he amado a la humanidad. Y la amo más ahora, cuando no existe, precisamente por su trágico destino. Colegas, quiero decirles, quiero decirles a ustedes: "Los amo". Cada uno tiene su propio salto de conciencia. Quizás éste sea el mío.

¿Quién podría permanecer inmóvil a estas palabras? En este reto escribirás un discurso: un político que tiene que hablar sobre el desarme, una feminista que brindará un discurso ante un acto de premiación por su labor, los dichos de un docente ante sus alumnos sobre la importancia de la paz, responsabilizarnos de nuestros actos una hora después de que ellos se pelaran en el patio, unas palabras para alentar a un grupo humano antes de un desastre.

TE RETO A
Escribir un discurso y leerlo en voz alta. ¿Te animas a grabarte?

PARA INSPIRARSE
-*El gran dictador* (1940) de Charles Chaplin.
-Discurso de Albert Camus al recibir el premio Nobel de Literatura.
-*El indomable Will Hunting* (1997) de Gus Van Sant.
-*Un mundo implacable* (1976) de Sydney Lumet.

Kokoro

Tipo de reto: descripción

En el reto "Pelusas de orugas" nos desafiamos a escribir *haikus*. En este reto vamos a cambiar nuestra forma de mirar al mundo por la contemplación.

Miró a través de las puertas vidrieras de su estudio. Al pie de la colina que se levantaba detrás de la casa había un gran montículo de tierra proveniente de una excavación, practicada durante la guerra para construir un refugio antiaéreo. La hierba lo había cubierto y entre las hierbas florecía un macizo de flores de color lapislázuli. Eran flores pequeñísimas, pero de un azul brillante, intenso. Aquellas flores eran las primeras en aparecer en el jardín, con la sola excepción de la adelfa. Además permanecían abiertas por largo tiempo. Oki ignoraba el nombre de aquellas flores, que no figuraban entre las célebres precursoras de la primavera; pero estaban tan próximas a su ventana que más de una vez experimentó el deseo de arrancar una y estudiarla. Nunca lo había hecho, pero eso no hacía más que acrecentar su amor por aquellas diminutas flores azules.

Poco después de ellas comenzaban a florecer los dientes de león entre la espesura de hierbas. También esas flores duraban mucho. Aun a esa hora, en la débil claridad del atardecer se distinguía el amarillo de los dientes de león y el azul de las otras florecillas. Oki permaneció largo rato mirando por la ventana. (*Lo bello y lo triste*, Yasunari Kawabata)

Para este ejercicio, nos apoyaremos en la significación de la palabra japonesa "kokoro": corazón. No debemos confundirnos con nuestra concepción de "corazón" como sede del amor y de los sentimientos, separado del pensamiento ubicado en el cerebro. Los egipcios, constructores de pirámides, creían que el cerebro no era un órgano importante y era desechado en el proceso de embalsamamiento. Para ellos lo importante era el corazón.

"Kokoro es más, es el corazón y la mente, la sensación y el pensamiento y las mismas entrañas, como si a los japoneses no les bastase sentir con solo el corazón" (Matsuo Basho, 2006).

TE RETO A
Describir un paisaje a partir de la contemplación.

Artilugios para el futuro

Tipo de reto: plástica

Quizás el indicio del primer ser humano puede demarcarse a partir de su primer invento. El *Homo habilis*, nuestro ancestro, recibió este nombre por ser "habilidoso". La habilidad consistía en modificar piedras para usarlas como instrumentos, ya sea para fabricar armas, moler semillas o cortar carne. El ser humano hizo su debut en este planeta como inventor de artilugios para facilitar su vida cotidiana: rueda de transporte, palos cavadores, ladrillos. Años tras años, se suman nuevos artilugios y maquinarias a todo el poderío de la creación. Años tras años, se suman nuevas maquinarias a todo el poderío de la creación: algunas, usadas para el procesamiento de alimentos; otras, para matar, tristemente. Estamos rodeados de tecnologías: televisores, celulares, cocinas, lamparitas eléctricas, computadoras, autos. Imaginen que cesa el servicio eléctrico. Quizás vean a una familia sentada junto a la mesa, en un diálogo sobre la luz y el aburrimiento. La película *En el bosque* (2015) trata sobre este tema.

Observen a su alrededor. ¿Qué resta si quitamos lo construido por el ser humano? ¿Qué haríamos sin máquinas, sin aparatos? ¿Cómo sería nuestra vida? Estas mismas preguntas se las formulé a mis alumnos hace unos años. Dicen que la necesidad es la madre de los inventos. Así fue que les propuse que reflexionaran sobre las necesidades actuales y los inventos creados para satisfacerlas. Escribimos sobre la necesidad de distraerse y la televisión, sobre la necesidad de comunicarse y los celulares. Luego, les solicité que piensen en una necesidad futura. La mayoría dijo "hambre". Entonces, ayudados con crayones, cajas vacías recubiertas de papeles de colores, fabricaron artilugios para solucionar esta problemática. Los resultados fueron increíbles: máquina que fabrica comida a partir de chatarra, dispensador gratuito de platos de comida ya listos.

¿Qué fabricaremos cuando nos quedemos sin agua? ¿Cuándo se agoten los recursos no renovables?

TE RETO A
Inventar y dibujar maquinarias que soluciones una serie de problemas o necesidades futuras. No te olvides de nombrarlas y registrar su funcionamiento.

SALVAVIDAS
Si tienes cajas y tarros vacíos, puedes construir tu propia maquinaria con papeles de colores, témperas y cualquier material que encuentres por tu casa.

Ocón

Tipo de reto: relato corto

La "sopa de letras" fue inventada por Pedro Ocón de Oro, periodista español nacido en 1932. Creó más de cien pasatiempos; algunos fueron publicados en los periódicos, por ejemplo, el oconograma, la transfusión de letras y el cuadrograma. Hoy en día creo que no existe periódico o revista que no incluya alguno de sus pasatiempos.

¿Será posible encontrar una historia dentro de una sopa de letras?

TE RETO A
Escribir un relato corto con las palabras que encuentres en una sopa de letras.

El club de los 72

Tipo de reto: fragmento

Fernando Pessoa inventó personajes que escribían sus obras, podríamos considerarlos autores ficticios. Llegó a crear unos setenta y dos heterónimos. Cada uno de ellos poseía una historia de vida, hasta una muerte. Dos de los más conocidos son Álvaro de

Campos, un poeta e ingeniero, y Alberto Caeiro, campesino y poeta que murió de tuberculosis

Otros autores, por ejemplo, Miguel de Unamuno, también apelaron a heterónimos, pero nadie fue tan prolífico como Pessoa. Si consideramos que murió joven, tan solo con 47 años, quizás hubiera creado más de cien.

TE RETO A
Crear un heterónimo y escribir su biografía.

En el sillón de Freud

Tipo de reto: lista

En una clase de psicología, un profesor nos informó que era posible conocer el contenido del inconsciente, y nos habló de la teoría de Freud. Luego, todos esperábamos las recetas para conocer nuestro inconsciente como si se tratara de otro yo de una época antes de la reencarnación. Él nos explicó en qué consistía la hipnosis y una experiencia que había implementado con autorización de sus alumnos. Había hipnotizando a uno de ellos de manera que zapateaba cada vez que alguien decía "luz". En nuestro curso, nadie quiso hacer el ridículo, pero aceptamos someternos al método freudiano de la asociación libre. Este método consiste en decir las palabras que se nos ocurren al escuchar otra palabra, pero sin frenarnos ni pensarlas. En algún momento, al expresar todo lo que se nos ocurre de manera rápida, aún lo impúdico o aquello que no diríamos, comienza a aflorar el contenido del inconsciente.

TE RETO A
Escribir en cinco minutos tantas palabras como puedas asociadas con "amanecer".

A mi querido desconocido

Tipo de reto: carta

Se han rodado películas, escrito libros, en torno la actividad de escribir cartas. Incluso, se han publicado las cartas que famosos han escrito para sus amates. Por ejemplo, las de Vladímir Mayakovski, poeta ruso, y Lili Brik.

Moscú, 26 de octubre de 1921

¡Mi querido, mi dilecto
mi amado, mi adorado, Lisik!

Aprovecho la llegada de Vinoku para escribirte una verdadera carta. Te deseo, siento nostalgia de ti –pero tantaque no sé encontrar la paz (hoy particularmente) y pienso solo en ti. No voy a ninguna parte, deambulo de un rincón a otro, miro dentro de tu armario vacío, nada puede ser más triste que la vida sin ti. No me olvides. Por dios, yo te amo un millón de veces más que todos los demás juntos... (V. Mayakovski, 1976)

Y están las cartas que el poeta Paul Eluard le enviaba a Gala. ¿Serán los poetas los mejores escritores de cartas de amor?

Mi pequeña alondra, mi rica almendra, mi dorogoi, maia crasiva Galochka gracias por tus cartas. Todo lo que me dices yo también lo pienso, por la mañana al despertarme, por la noche al dormirme y a cada minuto se repite en mí tu nombre: Gala, que quiere decir: amo a Gala. Hace veinte años que te amo, somos inseparables. Si un día estás sola y triste, ese día me encontrarás. Porque no quiero, pese al giro desesperado que ha tomado mi vida, que seas abandonada. Siempre tuyo. Si debemos envejecer, no envejeceremos separados. Soy un maldito imbécil pesimista, pero vivo para ti. Si renunciara a vivir, tú serías la causa, o más bien sería mi amor desesperado por ti lo que me mataría. Mi única grandeza está en tu dicha, en tu vida, en las plantas que cultivas, en tus juegos, en tu coquetería, en «tus» amores. Mi Gala eterna, si he sido malo contigo es porque siempre estaba insatisfecho, insatisfecho, insaciable.

La dicha en el amor, que no me hagan reír. (P. Eluard, 2002)

Incluso hay cartas de amor ficticias. Recomiendo la película "The love letter" de 1998, dirigida por Dan Curtis. En ella dos personas, de dos épocas distintas, se comunican a través de cartas.

TE RETO A
Escribir una carta de amor a tu amante del futuro.

Vals en rana menor

Tipo de reto: fragmento

Aprender a subir una escalera con las instrucciones de Cortázar o descubrir que se puede llorar de muchas maneras, son actividades algo comunes, pero bailar el vals con patas de rana, nunca lo he visto.

TE RETO A
Escribir las instrucciones para que alguien pueda bailar el vals usando patas de rana.

En un sueño

Tipo de reto: relato corto

En el reto "Caballo de agua" obtuvimos una serie de oraciones originales. Usaremos alguna de esas oraciones para desarrollar un relato con una extensión menor a dos carillas.

Escribir una historia a partir de una de las oraciones del reto mencionado.

PARA INSPIRARSE
Destino, cortometraje de Walt Disney sobre el universo de Dalí.

SALVAVIDAS
-Para continuar el reto genera más binomios fantásticos y amplía con nuevas oraciones.
-Incorpora la oración a un mundo onírico que visita un personaje tras su muerte o durante un sueño.

Por mi barrio

Tipo de reto: descripción

Hay quien se apabulla ante las fotos de paisajes tan hermosos que comparten las celebridades en las redes sociales. Alguien me ha dicho que era "violencia por ostentación". Pero sin ponernos a analizar estos temas, en el lugar donde vives también hay algún espacio donde se han desarrollado acontecimientos, se levantan ciertos monumentos o existe un rincón que te guste. No hace falta viajar hasta Beverly Hills o Hawai para hallar belleza.

En este reto te propongo que salgas de tu casa, que recorras el barrio, que lo mires de otra manera. Concéntrate en aquello que es típico, en aquello que te llama la atención. Puede ser la fachada de un club donde jugabas de niño. Además, indaga sobre cómo era ese lugar, sobre algún suceso que alguien recuerde.

TE RETO A
Describir un acontecimiento o un lugar de tu barrio o ciudad.

Coplas

Tipo de reto: lírico

Las coplas son poemas para ser recitados y la lírica de canciones tradicionales en los folklores de distintos países. Poseen métrica y rima específica de cuatro versos de cinco, seis u ocho sílabas.

En Argentina, son populares y han sido clasificadas según la temática: de amor, humorísticas, infantiles, picarescas, etc. Carlos Jesús Maita (2001) recopiló coplas de Rosario de la Frontera, provincia de Salta.

> Tu corazón es más dulce
> que la misma chirimoya
> pero a mí me hace llorar
> cual si fuera de cebolla.

> El anillo que me diste
> fue de vidrio y se quebró,
> el amor que yo te tuve
> fue de agua y se derramó.

TE RETO A
Escribir una copla de amor.

Replay

Tipo de reto: fragmento

Ya tenemos la lista de elementos que podrían aparecer en el tarro de residuos productos del consumo de un personaje gracias al reto "En la bolsa". Ahora, aprovecharemos esos elementos para armar una escena en la cual el personaje hace uso de ellos.

TE RETO A
Redactar una escena donde aparezcan al menos tres de los elementos listados.

Anticipa

Tipo de reto: lista

Imaginemos que se aproxima una fecha especial, puede ser San Valentín o el día de los enamorados. Te rodean angelitos de azúcar, avalanchas de corazones rojos, chocolates, tarjetas perfumadas. Eres una romántica o un romántico, pero que no quieres caer en una cita prefabricada y comer a la luz de las velas porque deseas ser original y sorprender a tu invitado. ¿Alguna idea?

TE RETO A
Listar una serie de actividades para desarrollar en una cita fuera de lo común.

Póster sin veneno

Tipo de reto: plástica

¿Qué podría decir un poema que se titule: "Venenos nocturnos"? Podemos indagar sobre los aspectos que nos aniquilan por las noches: sueños, miedos, sombras.

TE RETO A
Escribir un poema a partir de su título: "Venenos nocturnos" y armar un póster para pegar en una de las paredes de tu habitación.

SALVAVIDAS
-Lista las ideas que te surgen del título, selecciona algunas y ordénalas como posible poema.
-Ilústralo con imágenes recortadas de revistas, periódicos, machas de colores o dibujos.

Tachones

Tipo de reto: reescritura

Casi lo primero que aprendemos cuando iniciamos el oficio de escritor es a tachar y a reescribir. Creía que esa actividad demandaba menos tiempo que la escritura, pero demanda más tiempo ya que podemos generar desde cinco a diez novelas en versiones distintas. En el caso de una novela de mil hojas, habremos reescrito unas diez mil páginas. ¿Agotador? ¿Aplastante? Sí que lo es, pero mil páginas se corrigen oración por oración.

TE RETO A
Reescribir un párrafo de un texto que hayas escrito eliminando las palabras que crees no aportan originalidad o no son necesarias. No te olvides de reemplazar aquellas que se repiten o suenan mal.

Campanas que caen

Tipo de reto: lista

Hemos hablado de la importancia de la palabra justa. Por suerte, nuestro idioma nos permite disponer de una cantidad de palabras de significados similares. Por ejemplo, no es lo mismo decir que Rosa está feliz a que está eufórica. Incluso, podemos reemplazar una serie de palabras como "muy alegre" por "eufórica".

Igual podríamos apelar a cambiar "muy cansada" por "agotada". Estar agotado incorpora el cansancio y dice, además, que la persona ha llegado a su límite. Y si decimos que está "destruida" avanzaremos aún más en su cansancio, hasta el grado de desaparecer.

En este reto buscaremos antónimos y contrapuestos, pero sin valernos de un diccionario. Luego, podremos cotejar para descubrir si estuvimos encaminados. Algunos serán sencillos (alto y bajo); otros, podemos guiarnos por nuestra intuición. Pero ¿qué es lo opuesto de taza? Quizás un plato porque su forma no acepta lo líquido, sino lo sólido. También puede ser campana, porque tiene la misma forma que una taza, pero invertida. Así podemos decir que un plato es una taza aplastada o una taza es una campana caída.

TE RETO A
Buscar 10 palabras al azar en un libro y escribir opuestos de cada una de ellas sin usar el diccionario.

Géminis

Tipo de reto: fragmento

Olga Orozco nació en 1920 en La Pampa, Argentina. Es una de las poetas que más me gustan y que releo cada tanto. Además de escribir artículos de moda y de ciencia bajo diferentes seudónimos, escribió horóscopos entre los años 1968 y 1974 para una revista. No fue la única; existen muchos escritores que han optado por escribir horóscopos y temáticas de astrología bajo seudónimo, algunos con gran fascinación, tal es el caso de Fernando Pessoa.

TE RETO A
Escribir tres horóscopos para distinto signos zodiacales.

Cambio de palabras

Tipo de reto: reescritura

Todos hemos escuchado la queja de "no era lo que quería decir", "le cambiaron el sentido", "era justo lo contrario". A veces, mediante la estrategia de descontextualizar, de cambiar el orden de lo dicho, es posible hacerle decir a alguien lo que no quería. Es una estrategia muy usada en los debates políticos.

Para este reto cambiaremos palabras para alterar el sentido de un texto corto.

TE RETO A
Reescribir un texto de manera que exprese lo contrario.

SALVAVIDAS
Marca las palabras a cambiar, busca sus antónimos y reemplázalas para guiarte en la reescritura.

Periódico para mentes excéntricas

Tipo de reto: fragmento

Uno de los ejercicios que primero realicé, para jugar con las palabras, fue el surrealista de recortar frases y mezclarlas al azar, luego de leer la *Antología de poesía surrealista de lengua francesa* de Aldo Pellegrini. Me entusiasmó tanto que había confeccionado una cajita donde guardé las palabras recortadas. Al bloquearme, abría la cajita y sacaba una palabra que, colocada en un verso, me permitía conseguir un efecto extraño. Luego, reescribía hasta lograr coherencia.

La idea original de esta actividad pertenece a Tristán Tzara con la creación de un poema mediante palabras elegidas al azar.

Este ejercicio pertenece a estas técnicas surrealistas, en el cual recortaremos palabras de los titulares de un periódico. A continuación, luego de mezclarlas, las extraeremos al azar para crear un nuevo titular y escribir una noticia breve.

TE RETO A
Escribir un titular de un periódico y su noticia correspondiente.

Contrarios

Tipo de reto: ensayo

Un ejercicio mental estimulante es debatir con otra persona que posea opiniones distintas. Muchas veces, prima la agresividad o la imposición, incluso apelando a la violencia en una charla que se habla sobre la paz. Pero que un grupo humano posea diversas opiniones, que pueda observar desde distintas ópticas, permite mantener un constante fluir de ideas y argumentaciones. Lo contrario consiste en un pensamiento unánime bajo una doctrina. La doctrina se acata, pero no se discute. Podríamos pensar en una sociedad totalitaria donde todos repiten las mismas ideas o una sociedad de androides bajo la dirección de un mismo programa.

Debatir, escuchar, argumentar son actividades que fomentan la creatividad, permiten remover las astillas de esos pensamientos enquistados que repetimos como robots.

En este reto deberás imaginarte en un debate público para exponer tus ideas y convencer a un auditorio. Además, te permitirá sumergirte en tus propias convicciones. Si es sobre un tema que dominas, será más fácil, de lo contrario deberás documentarte para fundamentar.

TE RETO A
Escribir un artículo para debatir otro que encuentres en una revista o un periódico que expongan ideas contrarias a las tuyas.

Spin Off

Tipo de reto: relato corto

En literatura, *spin-off* refiere a una narrativa sobre un aspecto de una obra literaria que no fue desarrollado, por ejemplo, explayarse sobre la vida de un personaje secundario o un suceso anterior a la época que abarca la novela. Podríamos traducir el término al español como *obra derivada*.

TE RETO A
Escribir un relato derivado *(spin-off)* de un personaje secundario de una novela que has leído o escrito.

SALVAVIDAS
Puedes optar por el personaje de una serie o una película.

The walking Drácula

Tipo de reto: relato corto

Me resulta divertido imaginar situaciones mezclando personajes de diferentes historias. Se me ocurrió enviar a Drácula a un mundo infectado de *zombies*. ¿Imaginan a Drácula buscando sangre en tanto lo persiguen los *zombies* tras de su cerebro? ¿Cómo se llamaría el cuento? ¿*The Walking Drácula*?

TE RETO A
Escribir un relato protagonizado por el conde Drácula en Transilvania, una zona infectada de *zombies*.

Querido diario

Tipo de reto: fragmento

Un diario íntimo es un espacio privado donde podemos reflexionar sobre sucesos de nuestra vida, la vida de los demás, un tema en particular y capturar los acontecimientos por fechas.

Cuando cumplí once años, mi familia me regaló un diario que ellos habían confeccionado con una libreta. Aún lo guardo con cariño. Mi madre y mi hermano habían pegado unas figuritas con brillantina. Recuerdo ese momento de comenzar a escribir.

Aún hoy continúo escribiendo en el diario. A veces, confieso, releo los antiguos con vergüenza por las pavadas que escribí, pero me ayudan a visualizar los problemas con mayor claridad.

Además, desde niña, me intrigan los diarios. Uno que recuerdo, que releí muchas veces es el *Diario de Ana Frank*. A mis doce años me sentía un poco como ella, escribiendo a escondidas. A Ana Frank también le habían regalado un diario en su cumpleaños: "Espero poder confiártelo todo como aún no lo he podido hacer con nadie, y espero que seas para mí un gran apoyo".

Algunos escritores han optado por el formato de diario para escribir una novela, por ejemplo: *Diario de Bridget Jones, Diario de Greg*.

TE RETO A
Escribir una página de tu diario íntimo.

PARA INSPIRARSE
-*Diario* de Katherine Mansfield.
-*Diarios* de Alejandra Pizarnik.
-*El libro del desasosiego* de Fernando Pessoa.

Salven a los humanos

Tipo de reto: fragmento

Para algunos, la especie humana no tiene salvación porque no hemos aprendido mucho; no nos han servido años de guerra ni millones de muertes para aprender a convivir en paz y en armonía. Se ha comparado a la especie humana con un virus por la manera de invadir y destruir de manera expansiva. Si observamos imágenes satelitales, veremos a las ciudades como especie de cascarones grises sobre la superficie del planeta. Lo primero que pensé, al verlas, fue que el planeta parecía atacado de una especie de bacteria corrosiva.

A pesar de lo anterior, algunos, con optimismo, proponen formas de vida alternativas, como vivir en pequeñas comunidades autosuficientes bajo formas de organización social sin jerarquías ni distinciones.

En la novela de Margareth Atwood, *Nada se acaba*, uno de los protagonistas pregunta si "¿le importa que la especie humana sobreviva o no?". ¿Tú qué piensas?

TE RETO A
Responder por escrito a la pregunta de Atwood.

Mercados de androides

Tipo de reto: fragmento

Ya que has creado, en otro reto, un nuevo artefacto que satisface alguna necesidad o permite resolver un problema. Ahora, lo vamos a vender en algún mercado, quizás, en pantallas que se incorporan en la ropa, en la piel, o que vuelan por los aires viciados de una urbe superpoblada de androides y humanos.

Escribir eslóganes para tu maquinaria creada en el reto "Artilugios del futuro".

Periodista por un día

Tipo de reto: fragmento

En su trabajo de periodista, Ernest Heminway aprendió un consejo de escritura: utilizar frases cortas, usar un lenguaje vigoroso. Este estilo se refleja en El viejo y el mar.

Otro autor reconocido que fue también periodista es George Orwell, creador del "Gran hermano", ese ojo totalitario que siempre nos vigila y que nos imprime una sensación de ser evaluados de manera constante, que bien pudiera ser asociado a la tecnología disciplinaria de nuestra sociedad.

Ya sea como corresponsales, redactores de reseñas de libros, de artículos de viajes, de horóscopos, muchos poetas y novelistas han cruzado estas dos esferas, tanto por interés propio como por dinero. Quizás algún día te plantees otras formas de escritura. Incluso, algunos redactan, por encargo, tesis doctorales, ensayos, trabajos científicos. Se los conoce como *freelance* o *ghoswriter*.

TE RETO A
Reescribir una página de un periódico.

SALVAVIDAS
-Elige una página de una sección del periódico con el tipo de notas que prefieras escribir: cultural, policiales, política, literarias, moda, cine.
-Pega papel blanco en el cuerpo de las noticias y deja los títulos. No leas la nota.
-Escribe basándote en los títulos y el espacio disponible.

los reporteros

Tipo de reto: personaje

La entrevista es una de las herramientas que nos ayudan a construir un personaje. Por lo general, se usan las llamadas entrevistas estructuradas que consisten en una serie de preguntas armadas con anterioridad y acomodadas en una especie de ficha a completar. Pero también es posible utilizar la entrevista abierta donde partiremos de una serie de ideas o temas a indagar y dejamos que el entrevistado responda con libertad, de tema en tema, explayándose en sus áreas de interés. Este tipo de entrevista es más rico, ya que es el mismo entrevistado quien selecciona nuevas preguntas. El entrevistador solo repreguntará guiado por sus intereses o por las nuevas informaciones aportadas.

Para este reto, podemos elaborar una entrevista o tomar una serie de preguntas realizadas a famosos o a personalidades de la misma profesión que nuestro personaje. También podemos optar por dejar hablar al personaje y dejarnos llevar.

Nunca usaremos en nuestra novela toda la información generada con esta técnica, pero nos ayudará a sentir que nuestro personaje "vive" y "actúa" por su cuenta. Incluso podemos incorporar un fragmento de entrevista dentro de la misma novela. Por ejemplo, el personaje es entrevistado por otro.

TE RETO A
Escribir una entrevista al personaje creado en el reto "Nacimiento".

SALVAVIDAS
-Busca entrevistas en revistas y periódicos.
-Selecciona preguntas para tu personaje.
-Deja que se exprese sobre uno o dos temas amplios.

El día que la bomba no explotó

Tipo de reto: relato corto

Es hora de buscar libros de historia que leímos o leemos en la escuela. Escoge un suceso histórico como una invasión, una elección presidencial, una revolución. ¿Cómo impactaría en la actualidad si ese suceso hubiera sido distinto?

A los relatos que se basan en alterar un hecho del pasado se conocem como *ucronías, historia alternativa* o *historia conjetural* y responden a la consigna: ¿qué sucedería si...? Por ejemplo, la novela *Hitler victorioso* de Gregroy Benford trata sobre un cambio en el rumbo de la guerra gracias a la victoria de los alemanes.

Piensa que un pequeño suceso, como plantar un árbol, altera el futuro. Cuando ya no estemos, alguien se sentará debajo del árbol o lo venderá como leña. También pudiera suceder que en una tormenta una rama desprendida mate a otra persona. Tu acto afectará a otro aún cuando tú ya no estés. Un acto genera muchos caminos en el futuro. Imagina el impacto mayor que provoca una guerra o una masacre.

TE RETO A
Escribir un relato basado en el fallo de las bombas atómicas norteamericanas ya sea porque el piloto se arrepintió o el motivo que se te ocurra.

Interrogatorio

Tipo de reto: diálogo

Recuerdo muchas escenas de interrogatorios. La que más me conmovió fue la de *1984* en la novela de George Orwell cuando Winston Smith es inquirido y torturado. En la escena discurre, más allá de la violencia explícita, una violencia implícita, la forma sutil y tenue de sojuzgarnos y hasta de quebrarnos.

En este reto te trasladarás, imaginariamente, a una sala de interrogatorios en un edificio sede de la policía local. Un detective interroga a un supuesto criminal con el objetivo de sonsacarle la verdad tan solo mediante el uso de la palabra. Describe cómo te imaginas el entorno, los gestos, la manera de registrar el devenir del tiempo de los distintos personajes.

Una de las primeras dificultades que enfrenté cuando comencé a escribir es registrar el transcurso del tiempo sin caer en el cliché. Mientras la pasamos bomba, percibimos la sucesión de los eventos con celeridad. Escribir "el tiempo voló rápido" es un cliché y debe evitarse, salvo que lo diga un personaje. Debemos buscar otras maneras de indicarle al lector que el tiempo "vuela" o que el tiempo pasa lento. Cuando la pasamos mal, el devenir se transforma en un tiempo lentificado, los segundos se estiran en horas. El paso del tiempo puede señalarse en el exterior con la merma de los rayos solares, por ejemplo.

Una de las maneras de torturar a detenidos en ciertos regímenes era romper el ciclo de día y noche encendiendo una lámpara y apagándola sin seguir un patrón, de manera que la persona creía que era ya de día cada vez que se encendía la lámpara, aún si se encendía apenas a dos horas de haberla apagado. Al romper la orientación temporal, altero la conciencia. Esto sucede porque tiempo y espacio son nuestros anclajes más fuertes; es más, intenten pensar en algo que no sucede ni en un tiempo ni en un espacio. ¿Es posible?

Algunas de las maneras en que percibimos el transcurrir del tiempo:

-Reloj.
-Paso de un tren.
-Inicio de un programa de televisión.
-Hambre.
-Luz solar.
-Canto de los pájaros.
-Cansancio.

Además, no es lo mismo hablar de un tiempo breve a un tiempo de cientos de años. En este último caso podemos apelar a las ruinas, a los huesos, a un deterioro mayor del entorno o a procesos de transformación extremos.

¿Qué sucedería si para el interrogado el tiempo se estira, pero para el detective, impulsado por la urgencia de cerrar el caso e irse a su casa con su hijo, se consume a dentelladas?

TE RETO A
Escribir la escena de un interrogatorio policial intercalando diversas ópticas de percepción del tiempo.

Si

Tipo de reto: fragmento

Un tipo particular de binomio fantástico, según Gianni Rodari (2002), es la hipótesis fantástica que consiste en elegir al azar un sujeto y un predicado para relacionarlos guiados por la pregunta: "¿Qué pasaría si...?". He intentado varias opciones y han surgido algunas preguntas bastantes alocadas. Al ser un binomio fantástico, permite enlazar ideas rompiendo los moldes o las asociaciones que nos brinda nuestro sentido común. Comparto algunos ejemplos:

-"La lluvia" y "se traduce": *¿Qué pasaría si la lluvia se tradujese en pensamientos?*
-"El silencio" y "es el ápice de una pirámide": *¿Qué pasaría si el silencio fuese el ápice de la pirámide de los sonidos jamás escuchados?*

Como variantes se pueden combinar: un nombre y un verbo, un sujeto y un atributo; incluso, crear otras formas de combinar dos elementos.

Elegir por azar sujetos y predicados, combinarlos con la pregunta: "¿Qué pasaría si...?".

Entrevista a medida 2

Tipo de reto: fragmento

Continuamos con la misma temática del reto del mismo nombre, pero con otro tipo de preguntas.

Entrevista a (tu nombre):

-¿Qué opinas de la polémica que suscita *A sangre fría* sobre los límites entre periodismo y literatura? ¿Se puede llegar a reconstruir una historia de forma que acabe siendo más literaria que periodística? (A. Pavon, 2016)

-¿A qué hora del día te surgen más ideas para ponerte a escribir, en cualquier momento o existe un horario propicio para ello? (*10 preguntas a Marina Macome*, 2015)

-¿Qué te impulsa a escribir?

TE RETO A

Responder las preguntas que te realiza un periodista para una revista cultural.

Tres malas madrastras

Tipo de reto: relato corto

En varios cuentos para niños, las madrastras cumplen un rol protagónico, siendo las malas y perversas que solo buscan la destrucción movidas por los celos, la avaricia y el desamor. Las más clásicas son las de Cenicienta, Blancanieves y la Bella Durmiente. Motivadas por la envidia de una belleza que no pueden poseer, por la juventud imposible, desean la muerte de las "hijastras" y las someten a torturas. ¿Qué sucedería si, de camino a la tienda del pueblo, Cenicienta se encuentra con Blancanieves y con la Bella Durmiente, y comienzan a hablar sobre sus padecimientos hasta que descubren que las tres poseen en común el acoso de una madrastra? ¿Podrían acordar vengarse de cada una de ellas ayudándose entre sí? ¿Qué madrastra sufriría primero?

TE RETO A
Escribir un relato corto en el cual Blancanieves, Cenicienta y la Bella Durmiente se unen para combatir a las tres madrastras.

Palabras invisibles

Tipo de reto: ensayo

La siguiente frase pertenece a Friedrich Nietzsche, *Ecce homo*: "Las palabras más silenciosas son las que traen tempestad. Pensamientos que caminan con pies de paloma dirigen el mundo".
¿Cuáles serán las palabras más silenciosas y qué poder tendrán para alterar el orden del mundo a su favor?

TE RETO A
Explicar la frase de Nietzsche y escribir tu opinión sobre ella.

Letras sueltas

Tipo de reto: lista

Existen muchas aplicaciones de entretenimiento para usar en los teléfonos móviles, incluso para fomentar la creatividad o jugar con las palabras, por ejemplo, las sopas de letras. Basándome en estos juegos, ¿cuántas palabras puedes crear con la siguiente serie de letras sueltas?

"M, A, F, I, T, S, D, R, P, O"

TE RETO A
Escribir, en tres minutos, la mayor cantidad de palabras posibles con las letras mencionadas.

Segadores

Tipo de reto: relato corto

Para los surrealistas, los sueños eran una fuente de creatividad por la originalidad en la combinación de sucesos que rompen con lo cotidiano. En el momento onírico, las reglas de tiempo y espacio se fracturan, es posible que conviva un familiar que ha muerto con un androide del futuro, junto a la Torre Eiffel que se levanta en nuestro barrio de Buenos Aires.

Freud fue quien investigó las reglas de los sueños, las formas en que el material onírico se nutre de los sucesos cotidianos, de nuestros deseos y de nuestros miedos. Algunos proponen que una manera de conocernos es llevar un diario de lo soñado, aunque los sueños sean una sustancia difícil de capturar. Ni bien nos despertamos, la represión del inconsciente comienza a borrar nuestros sueños. ¿No se han levantado con la sensación de tristeza luego de haber soñado sobre un acontecimiento que vivimos en el pasado? ¿O sentirnos tristes pero no podemos recordar los motivos?

Jorge Luis Borges registraba los sueños para luego utilizarlos como fuente de inspiración, como materia prima para construir sus mundos ficcionales. Si hablamos de materia o sustancia intangible, los sueños y las ficciones comparten una manera volátil de existencia.

Cuando era adolescente, registré varios cuentos que luego los convertí en relatos. Parecían salidos de un libro de terror grotesco.

Aún recuerdo un sueño que, misterios de mi inconsciente, lo viví como una saga. Durante varios días, me despertaba con el sueño muy presente, con la sensación de horror, hasta me dolían las piernas. A la noche siguiente, retomaba desde el instante en el cual se había cortado. Estos sueños cesaron recién cuando la historia terminó. Al menos, no me dejó con la intriga.

En el sueño yo era la protagonista y comenzaba con unos seres invisibles que, al atravesarnos, nos mataban. Veía caer a las personas o escuchaba los golpes del cuerpo contra el piso, todo en cuestión de segundos. Al comienzo, creí que se desmayaban, pero tardé en descubrir que morían de manera instantánea. Con un grupo de unas treinta personas corríamos de ciudad en ciudad, atravesábamos campos, en tanto algunos caían tocados por esa especie de humo. Nos encerramos en cuevas, subimos a montañas, cruzamos mares. Nada detenía a esos segadores de almas, como interpreté después. Terminó mi sueño cuando estaba tan agotada de huir que acepté mi muerte y morí. Supe que era inútil continuar entre cadáveres; la mejor solución, me dije, es aceptar lo inevitable.

Escribí sobre esta experiencia para comprender el sueño tan aterrador que me despertaba aún con la sensación de haber llorado. Fue mi miedo al cambio, quizás, y la necesidad de aceptar aquello que no podemos forzar a ser de otra manera.

TE RETO A
Escribir un sueño y transformarlo en un relato corto.

libertad

Tipo de reto: lírico

Un himno es una obra en verso que exalta algún suceso extraordinario que, según cierto grupo humano, merece ser cantado y celebrado, como la liberación y creación de una república independiente, la victoria de una guerra. En la antigüedad, los himnos se dedicaban a los dioses. Uno de los más antiguos son los himnos homéricos dedicados a las deidades griegas como Zeus, Apolo,

Afrodita. Los himnos también se usaron en las ceremonias cristianas en las alabanzas a Dios.

Cada nación se aúna bajo símbolos patrios; entre ellos, los himnos que exaltan la unidad, la solidaridad y las victorias sociales que han permitido la conformación de su identidad. Muchos fueron compuestos por artistas destacados, como el himno de la India de Rabindranath Tagore y el de Austria de Mozart.

En otros retos hemos creado un grupo humano o hemos imaginado un nuevo espacio. Podemos aprovechar ese material y escribirles un himno.

TE RETO A
Escribir un himno para una deidad o para una nación imaginaria.

SALVAVIDAS
-Piensa en un valor que congregará a los habitantes, por ejemplo, el coraje, la libertad, la unión, el respeto a las diferencias.

-Inventa tres hitos en la construcción de esa nación, por ejemplo, resolver un conflicto hacia una situación de paz, una conquista tecnológica.

-Escribe exaltando el valor y los hitos elegidos.

Monologando

Tipo de reto: fragmento

Un monólogo puede ser dicho ante una multitud, un grupo pequeño o para sí mismo; expresa el estado interior de quien monologa, su subjetividad y personalidad. En literatura se lo denomina monólogo de conciencia y nos permite conocer al personaje, incluso hasta las ideas que irrumpen hasta de manera caótica.

Algunas obras literarias son un largo monólogo, tal es el caso de *La mujer rota* de Simone de Beauvoir, cuya segunda parte se centra en una mujer encerrada en su departamento en Nochevieja.

La cosa sigue. ¿Cuántos son? Por las calles de París centenares de miles. Y lo mismo en todas las ciudades por toda la tierra; tres mil millones y será peor todavía; el hambre no basta cada día son más numerosos; hasta el cielo está infestado muy pronto se atropellarán en el espacio como en las autopistas y la luna uno no podrá mirarla sin pensar que hay imbéciles que están diciendo idioteces. Me gustaba la luna se me parecía; y la ensuciaron como ensucian todo algo horrible esas fotos; una pobre cosa polvorienta y grisácea que cualquiera podrá pisotear.

Algunos cómicos apelan a los monólogos para analizar la situación de un país, por ejemplo, Enrique Pinti y Tato Bores, humoristas argentinos.

TE RETO A
Escribir el monólogo de un personaje que hayas creado.

PARA INSPIRARSE
En ocasiones veo frikis de Sara Escudero.

Querido amo

Tipo de reto: carta

En el reverso de la libreta sanitaria de mi gato Theo han diseñado una contraportada con una carta que un perro le envía a su dueño.

Ahora eres mi amo y solo te pido amor.

Has decidido hacerte responsable de mí y me siento agradecido por tu determinación.

Existirá entre ambos un secreto pacto de confianza que jamás será quebrantado de mi parte. Deberás comprenderme por algún tiempo, acabo de separarme de mi madre y de mis hermanos. Me notarás desorientado, inquieto y algunas veces me verás llorar. Sí, los extraño. Compréndeme, y yo te comprenderé luego por muchos años. Seré tu mejor amigo. Entenderé tus cambios de humor, tus alegrías, tus días buenos y tus días malos, estaré a tu lado acompañándote en tu soledad y en tu tristeza y te trataré siempre con el mismo amor, con la misma lealtad. Lameré la mano con que me castigues, porque mi capacidad de perdón es infinita. Pero no me castigues, enséñame.

TE RETO A
Escribir la carta de una mascota a su amo.

Plantar un naranjo

Tipo de reto: lista

Ya constituye un cliché la frase de "plantar un árbol, escribir un libro". Para algunos la botánica no es atractiva y escribir, mucho menos. Algunos deseos nos son impuestos, como triunfar en una carrera, tener hijos, viajar. ¿Es realmente lo que quieres hacer?

Uno de los personajes de la novela *Cartas desde la isla de Skye* le pregunta a otro: "¿Qué desearía hacer en la vida por encima de todo?". Quizás sea "plantar un árbol", "escribir un libro".

TE RETO A
Confeccionar tu lista con las respuestas a la pregunta mencionada.

Nevermore

Tipo de reto: diálogo

En el poema de Edgar Alla Poe el cuervo no dice demasiado. Es su presencia lo que nos inquieta, además de la muerte de la amada del protagonista. Lo importante es lo que el cuervo calla y parece saber, pero no lo dice. Ese espacio de silencio, obturado, no nos permite avanzar y se vuelve una presencia apenas perceptible. El cuervo siempre responde: "Nunca más".

Caso parecido, más allá de la distancia que marca la temática y la historia, es Bartleby, personaje de la obra de Herman Melville. En este caso, él siempre responde: "Prefiero no hacerlo". Su trabajo es bastante monótono ya que es un copista. Cuando lo leí, avanzaba con la intriga de saber qué le había pasado al personaje, quién era.

Un diálogo entre estos dos personajes sería bastante "interesante".

—Preferiría no hacerlo.
—¡Nunca más!
—Preferiría no hacerlo.
—¡Nunca más!
—Preferiría no hacerlo.
—¡Nunca más!

Vamos a imaginar que el cuervo encuentra en Bartleby un confidente y entre los dos se animan a mantener una charla. El cuervo de Poe le cuenta a Bartleby lo terrible que es ser cuervo y que te asocien con la mala suerte y Bartleby le explica el trabajo tedioso que es copiar y copiar palabras ajenas. O quizás puedan charlar de otros asuntos.

TE RETO A
Escribir un diálogo entre el cuervo de Poe y Bartleby.

Preguntas sin examen

Tipo de reto: lista

En un reto anterior formulamos preguntas como si fuéramos niños. Ahora te desafiamos a que las respondas como si fueras el tío o la tía que tuvo que cuidar a ese niño durante un domingo por la tarde.

TE RETO A
Responder las preguntas formuladas en el reto "Preguntones".

Momento fandom

Tipo de reto: reescritura

Me sucede que cuando me gusta una serie, a pesar de apagar el televisor, vuelvo a la historia, repaso esa escena que me conmovió, un diálogo o un suceso que no me esperaba. De esta manera, me la vuelvo a contar con algunas variaciones. Por suerte, no soy la única.
Este reto es para cuando deseamos un momento *fandom*.

TE RETO A
Escribir el capítulo de una serie como si fuera un relato corto. Altera algún suceso si lo crees conveniente.

Viaje inmóvil

Tipo de reto: descripción

Quienes escribimos también podemos viajar kilómetros en tanto dejamos el cuerpo reposando en una silla. Incluso, hasta arribar a planetas remotos en un futuro lejano o en una cueva para encerrarnos con el primer *Homo sapiens*. Es habitual que uno se "cuelgue", esa propiedad de dejar los pies sobre la tierra y la cabeza en otro mundo. Incluso podemos transformar la galaxia en un paseo en la tarde. Para una hormiga, un cuarto es un planeta entero; para un ser humano, una cárcel o una felicidad.

Xavier de Maistre nació en 1763. Fue confinado a su habitación por cuarenta y dos días. Lejos de amargarse, se dedicó a recorrer su cuarto como si fuera un viaje por el Orinoco. Su aventura fue publicada por su hermano bajo el título de *Viaje alrededor de mi habitación*. Lo positivo de esta experiencia, según el autor, es que no despierta envidia y permite soportar el aburrimiento, además de ser algo posible. Incluso, el viajero no sufrirá el acoso de los ladrones.

Mi habitación está situada a cuarenta y cinco grados de latitud, según las medidas del padre Beccaria; su dirección es de levante a poniente, formando un largo cuadrado de treinta y seis pies de lado, que roza la muralla. Mi viaje contendrá sin embargo más; pues la atravesaré a menudo a lo largo y ancho, o bien en diagonal, sin seguir ni regla ni método alguno.

Después de mi butaca, caminando hacia el norte, descubrimos mi cama, que está colocada al fondo de la habitación, y que forma el paisaje más agradable. Está situada de la manera más afortunada: los primeros rayos de sol vienen a filtrarse entre mis cortinas. Los veo, en los bellos días de verano, avanzando por el muro blanco, a medida que el sol se eleva. Los olmos que están ante mi ventana los dividen de mil maneras y los balancean en mi cama, color de rosa y blanco, que, debido al reflejo, reparte por todos lados una tonalidad encantadora.

TE RETO A
Describir el viaje por un solo cuarto de tu elección.

SALVAVIDAS
-En caso de no desear hacerlo por tu cuarto, puedes elegir una imagen de un cuarto de una revista de decoración o de un video de un decorador de interiores.
-Usa habitaciones que observes en tanto recorres espacioes virtuales en algún videojuego.

No usar sombrilla

Tipo de reto: lista

La lluvia de ideas es una técnica utilizada, sobre todo en educación y disciplinas cíentíficas, para generar nuevas ideas a partir de una pregunta o palabra disparadora; consiste en exponer un tema a modo de pregunta y registrar todas las respuestas que surgen a partir de ella, sin detenerse ni evaluar.

Uso esta técnica al momento de elegir el título de alguna obra. Si la novela trata sobre un campesino, asocio todas las palabras que se me ocurren. Luego, tacho las que no me convencen, tomo alguna de las palabras escritas y hago lo mismo: registro más palabras.

TE RETO A
Armar una lluvia de ideas para un título de una obra propia o ajena.

Perfectlandia

Tipo de reto: fragmento

Todos poseemos una vida perfecta, aquella que imaginamos y queremos vivir. En mi caso: escribir en mi hogar ubicado frente al mar, de vista a un faro o en el mismo faro, en una isla con pequeñas casas blancas desperdigadas por la costa. En ellas viven pescadores. El pequeño puerto congrega unos pocos negocios, entre ellos, una taberna donde por la tardecita los pobladores se juntan a charlar. En mi casa vivo con tres gatos y un perro enorme. Mis amigos me visitan seguido y son todos artistas. Con ellos hablo de libros y de arte. Acompañados con el calor del café, debatimos sobre diversos temas. Charlamos hasta el amanecer. Pero viajo cada tanto para conocer nuevos lugares, experiencias y, sobre todo, a aquellos lugares que nombro en mis novelas.

TE RETO A
Describir tu vida perfecta.

A pata suelta

Tipo de reto: fragmento

En un poema, compartido en el reto "Lágrima viva", Oliverio Girondo nos explica cómo se debe llorar. Así como los clichés de las escenas amorosas, también es fácil caer en clichés al momento de narrar una escena de llanto:

-*Se le cayeron las lágrimas.* Es difícil que suban.
-*Las lágrimas le caían a borbotones.* Quizás surge por la comparación de los ojos como dos canillas.
-*Sorber los mocos.* Cuando leo "sorber" en general está escrito

antes de "mocos". Tanto se usó esta dupla que cuando leo "sorber de una pajilla" me suena mal.

-Las lágrimas resbalaron por su mejilla. Las lágrimas surcan su mejilla.

¿De qué otra manera podemos expresar lo anterior sin caer en lugares comunes?

TE RETO A
Escribir una escena de llanto sin clichés.

Freud y Tzara

Tipo de reto: lista

En este reto combinamos la técnica de asociación libre que explicamos en "En el sillón de Freud" con el azar de las técnicas surrealistas.

TE RETO A
Buscar una palabra al azar en un libro y escribir durante tres minutos todas las palabra que puedas asociar con ella.

Nada de cupidos

Tipo de reto: fragmento

Usaremos el material conseguido en el reto "Anticita" con la misma consigna de no apelar a actividades estereotipadas. Para ellos crearemos dos o más personajes para narrar el suceso.

TE RETO A
Escribir sobre la cita resultante con las actividades obtenidas del reto mencionado.

Carta de un personaje a su autor

Tipo de reto: carta

Hace unos días, participé en un encuentro de literatura romántica y uno de los temas que trataron fue la relación del escritor con sus personajes: si sentían pena por matarlos, si se enamoraban de ellos.

Algunos escritores dicen que todos los personajes tienen algo del autor. Si consideramos que nacen de la subjetividad de una persona, de la experiencia de vida, comprendemos que cada personaje está ligado al autor, aunque no debemos olvidar que es una obra de ficción. Si bien el primer personaje puede ser casi un calco de la abuelita del escritor, por el trabajo posterior, terminará alejada de la inspiración original.

Pensé en mis personajes favoritos, esos que construí para algunas de mis novelas. ¿Qué diría Klei si me enviara una carta? ¿Y Devin? ¿De qué se quejaría? ¿Qué me podrían solicitar?

En *Seis personajes en busca de un autor* de Luigi Pirandello, los personajes se acercan a quien podría escribir sus historias. Y al final parece que "los personajes encuentran al escritor".

TE RETO A

Escribir la carta que uno de tus protagonistas te dirige solicitándote un favor o ayuda.

Poema a mi lunera

Tipo de reto: lírico

En la canción de Carlos Castellanos Gómez, "La luna y el toro" se narra la fascinación de un toro por la luna.

La luna viene esta noche
con negra bata de cola
y un toro la está mirando
entre la jara y la sombra.

Y en la cara del agua del río
donde duerme la luna lunera
el torito de casta bravío
la vigila como un centinela.

TE RETO A
Escribir el poema que el toro enamorado le escribe a la Luna.

Hay un paparazzi en mi sopa

Tipo de reto: ensayo

El periodismo cultural se aboca al estudio de diversas manifestaciones: exposición de pintura, presentación de un libro, festival musical, etc. En los últimos, años cobró presencia en las publicaciones y se afianzó en una especialización aparte.

En este reto, jugaremos a ser un periodista que asiste a un evento artístico. Como resultado, escribiremos una pequeña crítica que podría incluirse en la sección cultural de un periódico. También son interesantes los eventos de *cosplay*, las ferias medievales, las ferias literarias o los mercados de artesanías. No es necesario gastar dinero y trasladarse a otro lugar. Cerca de tu casa existe una exposición, un monumento, un sitio histórico o una biblioteca por descubrir.

TE RETO A
Asistir a un evento y escribir un artículo periodístico.

SALVAVIDAS
-Buscar información en Internet sobre un evento que te interese y escribe como si hubieras asistido.
-Puedes incluir fotografías, croquis, notas que has registrado.

Man Man en Gotham

Tipo de reto: fragmento

En el reto "Man Man" hemos creado un superhéroe. En el diálogo citado de la serie The Big Bang Theory un grupo de amigos discuten sobre los poderes de Batman. Concluyen que Man Man es un hombre con poderes de hombre, es decir, un hombre sin superpoderes. En este caso, este héroe deberá valerse de la ciencia y el ingenio para luchar. Tal vez podría volar con una mochila de cohetes.

TE RETO A
Escribir una escena donde Man Man lucha contra los villanos de Ciudad Gótica.

Contra historia

Tipo de reto: relato corto

El interés por el pensamiento contrafáctico o conjetural nació en Estados Unidos en la década de 1940. Luego, continuó con el debate de la existencia de otros mundos paralelos en el tiempo y en el espacio.

De adolescente uní mi pasión por los mundos fantasmas, los viajes en el tiempo y la reencarnación, de tal manera que creía que los muertos vivían en un mundo paralelo, a la espera de reencarnar mediante una especie de tubos que comunicaban ambos mundos. Hubiera estudiado física si contara con inteligencia para las ciencias exactas, pero lo mío siempre fue el ámbito de la imaginación novelística. Cuando, ya en la universidad, descubrí que existían universos paralelos a partir de las inconsistencias matemáticas, universos donde las paralelas se cortan, volví a sentir la misma emoción ante la posibilidad de la existencia de mundos alternativos.

Las historias contrafácticas no son nuevas. Ya Herodoto había propuesto considerar lo sucedido si Atenas se hubiera rendido ante el Gran Rey.

TE RETO A
Escribir un relato corto a partir de alguna de las alternativas generadas en el reto "Ella era el lobo".

PARA INSPIRARSE
-*Antihielo* de Stephen Baxter.
-*Tesla y la conspiración de la luz* de Miguel Ángel Delgado.

Querida mascota

Tipo de reto: carta

En un reto anterior, "Querido amo", hemos escrito la carta que una mascota le envía a su amo. En este reto te proponemos que respondas esa carta como si fueras el amo.

TE RETO A
Responder la carta de la mascota.

Viboritas de luz

Tipo de reto: relato corto

Algunos necesitan mirar el servicio meteorológico para saber si lloverá. No les basta escuchar los truenos. Tienen que oír que "lloverá hoy" en los medios de comunicación. "Viento del este, lluvia como peste". "Viento del norte, tormenta fea". "Viento del oeste, es el pampero que limpia y se lleva la lluvia". "Sudestada, las nubes buscan agua y la traen de vuelta". Mi abuela me enseñó a "leer" las señales del cielo. Ella creció en una chacra, en el campo, y allí era menester estar atentos al clima y al cambio de comportamiento de los animales para anticiparse a las tormentas. Además, ella me enseñó que en pleno vendaval eléctrico hay que tapar los espejos, no acercarse al agua y no pararse debajo de los árboles; lo más sensato era acostarse en una cuneta o un lugar bajo para esquivar las centellas, unas viboritas de luces que buscaban los pies, lo brillante y el agua.

Quienes nacen en las ciudades pueden cometer el error de bañarse en el mar en plena tormenta eléctrica. Varias veces leí la noticia de bañistas que murieron luego de caerles un rayo.

En este reto deberás buscar en un periódico la sección del servicio meteorológico para ambientar tu escrito. Por ejemplo, en *El noviembre de Kate*, Mónica Gutiérrez narra sobre una gran tormenta desde que comienza hasta que termina la novela, los sucesos y los personajes se anudan a los eventos de esta tormenta de nieve y frío.

TE RETO A
Escribir un relato corto en el cual el clima es un elemento importante.

NOVELA PARA INSPIRARSE
El viento que arrasa de Selva Almada.

Las formas de ver una marea

Tipo de reto: lírico

En el poema *Ejercicio de tiro*, Octavio Paz explora aquello que es la marea.

> La marea nocturna, rumor de pies descalzos sobre la arena. / La marea, al amanecer, abre los párpados del día. / La marea respira en la noche profunda y, dormida, habla en sueños. / La marea que lame los cadáveres que arroja a la costa. / La marea se levanta, corre, aúlla, derriba la puerta, rompe los muebles y después, a la orilla, calladamente, llora.

TE RETO A
Escribir, al estilo de Octavio Paz, sobre todo lo que es el mar para ti.

A nuestro creador

Tipo de reto: lírico

En la historia evolutiva, para identificar al primer *Homo* se apela a reconocer indicios de fabricación de instrumentos y de religiosidad. Dentro de este último, se buscan enterratorios, ya que ellos indicarían la creencia en seres intangibles y un cierto grado de simbolización. Incluso, algunos creen que las pinturas rupestres, como las de Lascaux, demuestran un tipo de preparativo para la cacería, una plegaria dibujada sobre la roca o una magia para propiciar la caza.

Gracias al poder de simbolización, el ser humano pudo reflexionar sobre su vida, sobre su posición en este mundo, la relación con los otros seres vivos y hasta buscó explicaciones en fuerzas inmateriales y poderosas, creadoras de lo que le rodea. Nacieron las plegarias y rezos en esta relación íntima entre el creador y su creación. Las plegarias propician la curación, protección, constituyen pedidos ante casos particulares o exaltan al dios, la deidad creadora y la obra divina.

Algunos creen en un dios específicos; otros, en una fuerza que no pueden comprender, pero casi todos los seres humanos apelamos a pensar una entidad o algo indefinible al que dirigimos nuestro temor y nuestras preguntas durante las situaciones límites.

TE RETO A
Escribir una plegaria para dios o la entidad en la que creas.

Tesoros

Tipo de reto: lista

En la escuela primaria, cuando tendría unos ocho años, habíamos propuesto confeccionar una cápsula del tiempo. Al final, votaron otro proyecto. No me olvidé de esta idea ya que deseaba experimentar esa sensación de casi contactarme con otra época.

A los años, pude presenciar el momento en que descorrían la piedra fundamental ubicada en la Plaza Moreno y extrajeron los elementos que habían guardado en 1882, año en que se fundó la ciudad. Se hallaron: el acta de fundación, medallas y monedas depositadas en la ceremonia de fundación, un plano de la ciudad, entre otros objetos. Volvió a colocarse un nuevo cofre hermético con fotografías de la ciudad, monedas y otros documentos para ser abiertos en el futuro. Los objetos recuperados se exhiben en el Museo Dardo Rocha.

Un caso similar sucedió en Miramar, ciudad de la provincia de Buenos Aires, Argentina, cuando se enterró una cápsula de tiempo que será abierta en el año 2110 en la plaza del Bicentenario.

TE RETO A
Listar los objetos que guardarías en una cápsula del tiempo.
¿Cómo son? ¿Por qué los has elegido?

Vamos, vamos

Tipo de reto: lírico

En mi país, las hinchadas de fútbol inventan cantitos tanto para exaltar a su equipo como para denostar a los contrincantes. Algunos, por su ingenio, han pervivido durante muchos años. Por ejemplo, para alentar a la Selección Nacional en los mundiales de fútbol se suele cantar:

> Vamos, vamos, Argentina,
> vamos, vamos, a ganar,
> esta barra quilombera,
> no te deja, no te deja
> de alentar.
>
> El equipo está en la cancha
> el partido ya empezó
> el estadio se estremece
> cada vez que la Argentina
> hace un gol.
>
> Miren, miren qué locura.
> Miren, miren qué emoción.
> Tire, tiren papelitos,
> vamos, Argentina,
> que sos el campeón.

TE RETO A
Escribir un cantito para alentar a un equipo deportivo.

268

Pecados

Tipo de reto: relato corto

Según el cristianismo, los siete pecados capitales son faltas graves que conllevan a otras faltas. Por ejemplo, la lujuria podría implicar desear a la mujer del vecino y así incumplir con uno de los mandamientos. Se diferencian de los pecados veniales en que estos últimos no revistan gravedad como para comprometer el alma del pecador.

A lo largo del tiempo, a la par que se han modificado los textos bíblicos, corpus católico que forma la Biblia, también se han modificado la cantidad y el contenido de estos pecados.

En la actualidad se consideran pecados capitales: la gula, la ira, la soberbia, la lujuria, la avaricia, la pereza y la envidia.

TE RETO A
Escribir un relato corto con uno de los pecados capitales como tema central.

Confesiones

Tipo de reto: fragmento

Marcel Proust, cuando tenía 13 y 20 años, fue invitado a completar un cuestionario con preguntas generales, según estaba de moda en esa época. Estas preguntas formaban parte de una especie de libro conocido como confesional o álbum de confesiones, y puede considerarse como antecesores de los *slam books*, cuadernos que contienen una serie de preguntas para diversas personas. Incluso, la revista Vanity Fair ha utilizado este tipo de cuestionario para los famosos.

Algunos escritores aprovechan estas preguntas para confec-

cionar y conocer mejor a sus personajes.
Algunas de estas preguntas:

-¿Cuál es su principal rasgo de carácter?
-¿Cuál es su felicidad ideal?
-¿Dónde desearía vivir?
-¿Cuál es su nombre favorito?
-¿Cómo le gustaría morir?
-¿Qué don de la naturaleza le gustaría poseer?
-¿Tiene un lema?

TE RETO A
Responder algunas de las preguntas del cuestionario de Marcel
Proust.

Ventanas

Tipo de reto: relato corto

Según Charles Péguy: "Lo peor no es tener un alma perversa,
sino un alma acostumbrada". Cuando uno se acostumbra, la percepción sobre los sucesos y lo que nos rodea se tornan invisibles.
He escuchado a un empleado de comercio decir: "Me puse el piloto
automático". Y así discurrimos muchos, en piloto, en pausa, en androide. En parte, es imposible pensar cada objeto que vemos, cada
acción que realizamos al estilo: "¿Por qué me cepillo el cabello de
adelante hacia atrás?", "¿por qué subo al ómnibus por la zona de-
lantera?", "¿por qué el profesor se acomoda adelante del salón de
clase y no en el medio?".
Imaginen un día de su vida en el cual se dedican a sopesar cada
acción que realizan, cada palabra que dicen, el origen de cada uno
de los objetos. Sería agotador. Según Gustavo Lins Ribeiro (1989),
el ser humano funciona de tal manera que estas acciones y significados se imprimen en rutinas que él llama *conciencia práctica*. Es
decir, realizamos acciones sin pensarlas porque se han implantado

como rutinas. También, deambulamos por la calle sin observar demasiado a nuestro alrededor. A veces, notamos que alguien vendió la casa que antes tenía un cartel o que podaron un árbol recién varios días o meses después.

Como escritores debemos recuperar la observación, volver a fijar la mirada en eso que se ha vuelto invisible.

TE RETO A
Caminar por tu barrio y describir cinco objetos no observados con anterioridad.

Autopistas de "chars"

Tipo de reto: personaje

Observar es una habilidad importante para un escritor. Un objeto cualquiera puede convertirse en el disparador desde donde crece una nueva historia. Incluso, un nuevo personaje, como le gustaba imaginar a Fedor Dostoievski, nos cuenta en su *Diario de un escritor.*

> En las calles me gusta observar a los transeúntes, examinar sus rostros desconocidos, buscar lo que pueden ser, imaginarme cómo viven y lo que puede interesarles en la vida. Aquel día me sentía especialmente preocupado por aquel padre y aquel hijo. Me figure que la mujer, la madre, había muerto hacía poco, que el viudo trabajaba en su taller durante toda la semana, mientras el niño permanecía abandonado a los cuidados de alguna mujer vieja. Debían vivir en un sotabanco, donde el hombre tendría alquilado un cuarto pequeño, tal vez sólo un rincón de cuarto. Y hoy, domingo, el padre había llevado al pequeño a casa de una parienta, a casa de la hermana de la muerta, probablemente.

TE RETO A
Observar a alguien desconocido en un lugar público para transformarlo en un personaje e inventar su biografía.

Infamias

Tipo de reto: relato corto

Me encantan las letras de tango porque suelen explayarse sobre el desamor, las hipocresías contemporáneas.

Entre los compositores, uno de mis favoritos es Enrique Santos Discépolo. Él nació en 1901 y murió joven, a los 50 años. Fue un poeta, autor teatral, músico, actor, de gran talento. Uno de sus tangos, "Tormenta", narra el diálogo de una persona que inquiere a Dios porque, a pesar de permanecer fiel a los preceptos y mandatos de la religión, vence el mal y no puede vivir siendo bueno entre tanta maldad.

> Yo siento que mi fe se tambalea,
> que la gente mala, vive,
> Dios, mejor que yo.
>
> No quiero abandonarte, yo,
> demuestra una vez sola
> que el traidor no vive impune,
> Dios, para besarte.
> Enséñame una flor
> que haya nacido
> del esfuerzo de seguirte,
> Dios, para no odiar
> al mundo que me desprecia,
> porque no aprendo a robar.

TE RETO A
Escribir un relato que incluya el diálogo del cual trata el tango mencionado.

Sentado en mi sillón

Tipo de reto: fragmento

La novela *Tala* de Thomas Bernhard trata sobre un hombre que asiste a una cena artística. Muy a pesar suyo, concurre, pero permanece sentado en un sillón de orejas desde donde contempla, con mirada crítica, a los invitados con sus poses hipócritas y sus costumbres.

> Yo era su observador, el ser repugnante que se había instalado cómodamente en su sillón de orejas y, protegido por la penumbra de la antesala, se dedicaba a su asqueroso juego de despedazar más o menos, como suele decirse, a los invitados de los Auersberger.

En este reto te desafiamos a que imagines que has asistido a una fiesta con varias celebridades y te has acomodado en el sillón del rincón, protegido por la penumbra. Desde allí, mirarás a los invitados y dejarás que tu pensamiento discurra desde la vestimenta hasta los temas de los que todos hablan. Podrás optar un tono mordaz, inseguro o benigno.

TE RETO A
Escribir un fragmento de monólogo interior, de tono humorístico, de quien asiste a un evento.

Destejer el tiempo

Tipo de reto: relato corto

Alejo Carpentier, en *Viaje a la semilla*, invierte el tiempo y narra desde la muerte de Marcial hasta su concepción.

Los muebles crecían. Se hacía más difícil sostener los antebrazos sobre el borde de la mesa del comedor. Los armarios de cornisas labradas ensanchaban el frontis. Alargando el torso, los moros de la escalera acercaban sus antorchas a los balaustres del rellano. Las butacas eran mas hondas y los sillones de mecedora tenían tendencia a irse para atrás. No había ya que doblar las piernas al recostarse en el fondo de la bañadera con anillas de mármol.

Las aves volvieron al huevo en torbellino de plumas. Los peces cuajaron la hueva, dejando una nevada de escamas en el fondo del estanque. Las palmas doblaron las pencas, desapareciendo en la tierra como abanicos cerrados. Los tallos sorbían sus hojas y el suelo tiraba de todo lo que le perteneciera. El trueno retumbaba en los corredores. Crecían pelos en la gamuza de los guantes. Las mantas de lana se destejían, redondeando el vellón de carneros distantes. Los armarios, los vargueños, las camas, los crucifijos, las mesas, las persianas, salieron volando en la noche, buscando sus antiguas raíces al pie de las selvas. Todo lo que tuviera clavos se desmoronaba.

La película *El curioso caso de Benjamín Button*, del director David Fincher, en semejanza con el cuento de Carpentier, narra sobre un niño que nace como anciano y, en lugar de envejecer, rejuvenece.

TE RETO A
Escribir un relato corto cuyos sucesos se ordenen desde el presente hacia el pasado.

SALVAVIDAS
-Escribe un texto en el cual un personaje narra una serie de acontecimientos respetando el orden temporal (pasado a presente).
-Reescribe el texto comenzando por el final del mismo, ya convertido en comienzo.

Fundación

Tipo de reto: lista

En un foro de escritores se discutió sobre la conveniencia de cambiar el nombre a una ciudad. Se dudaba si era oportuno hablar sobre la corrupción del intendente de un pueblo real, si los lectores creerían que la novela es una crítica al intendente real, lo cual podría llevar a comprometer al autor. Una de las soluciones a este dilema es aclarar en la novela que "es producto de la imaginación y no coincide con un suceso real". Otras de las soluciones propuesta en el foro fue cambiar el nombre del pueblo por uno similar. Algunos más cautos apoyaron llevar a cabo las dos cosas.

Quizás, el cambio de nombre del pueblo de Coronel Villegas a General Vallejos en Boquitas Pintadas de Manuel Puig forme parte de un ardid para evitar que los sucesos en los que él se inspiró, y que sucedieron en su pueblo natal, no sean leídos como una crónica social.

Cada escritor decidirá qué posición tomar al respecto. En mi caso, salvo si son grandes ciudades como París y si el tema no es espinoso, decidiría respetar el nombre original. De lo contrario, cambiaría el nombre y hasta podría enlazarle un significado extra ya que los sitios suelen designarse de diversas maneras:

-Coronel Villegas: militar argentino que participó en la Guerra de la Triple Alianza y acompañó a Roca en la "Conquista del Desierto".
-Caleufú: en idioma mapuche significa "otra corriente".
-Campana: por el nombre de la estancia "Rincón de Campana".
-City Bell: por Jorge Bell, primeros dueños de las tierras.
-Timote: por el fortín Capitán Timote.
-Arrecifes: por los arrecifes característicos del río homónimo.
-Tres de febrero: día en que se produjo en ese lugar la Batalla de Caseros.

La Toponimia es la disciplina que estudia la etimología de los nombres propios de los lugares y podría inspirarte para hallar denominaciones de sitios para tus historias. Si tu novela trata sobre el conflicto entre los habitantes de un pueblo llamarlo por el nombre de un antiguo general o de una contienda bélica puede otorgar cierta complejidad a la historia. Por lo tanto, inventar el nombre de un poblado es tan importante como el nombre de tus personajes.

TE RETO A
Inventar otros nombres a sitios conocidos.

Intangible

Tipo de reto: fragmento

Algunos creen que las corrientes de aire helado son el aliento de los muertos. Mi abuela decía que escuchaba golpear a los muertos en los marcos de las ventanas en agradecimiento por las plegarias que ella les ofrecía. En algunas películas y novelas es un muerto quien narra aún de pie entre los vivos, jalado por algún suceso traumático del cual no puede desprenderse, por ejemplo, un asesinato, el amor que siente por un ser querido o la nostalgia por dejar la vida.

En *Beloved* de Toni Morrison, una niña metamorfoseada en la mujer que hubiera sido de no haber muerto, vaga aún con el horror por lo vivido. En algunas otras propuesta, que no mencionaré el título ya que contaría una parte importante de la trama, no sabemos que habla un fantasma, ya sea porque el autor lo oculta a propósito para revelarlo luego o el protagonista no sabe que es un fantasma. En otros casos, podemos dudar si es o no un espíritu que aún discurre hechizado por sus objetos, en la repetición constante de su último día.

TE RETO A
Escribir las sensaciones de un fantasma al recorrer el mundo de los vivos.

Relojes y agendas

Tipo de reto: lista

En otro reto, "Interrogatorio", hemos hablado de la formas de plasmar el transcurso del tiempo en un relato y evitar los clichés, tales como: "El tiempo pasó volando".

Diversos escritores han desarrollado maneras originales de expresar lo mismo, incluso, han basado toda la obra en la temática del tiempo, en la forma en que corroe los objetos, en su presencia corporizada en los restos abandonados en un campo de batalla.

Haruki Murakami expresa de una manera sintética un tiempo imperceptible en la siguiente oración: "El tiempo transcurría a través del silencio" (*Sputnik, mi amor*).

En este reto te pedimos que escribas tantas oraciones como puedas a partir del cliché:

-El tiempo vuela presuroso.

TE RETO A
Escribir una serie de oraciones alternativas.

Recuerdo de ti

Tipo de reto: lista

Una de los sucesos que más sufrimiento nos causan es perder a quien amamos, ya sea porque nos hemos separado o porque ha muerto. Imprimimos a los objetos con nuestras memorias, con sus texturas y colores. De idéntica forma sucede con los sonidos, de manera tal que cuando escuchamos el sonido de un tren podemos revivir la tristeza de una despedida; o al observar un campo de trigo, el momento en que nos besamos por primera vez con ese chico que amábamos.

En una de mis canciones favoritas cantada por Ella Fitzgerald, *These Foolish Things Remind Me of You*, se enumeran todas las cosas que a recuerdan a un amor perdido.

-Un boleto de avión a lugares románticos.
-El viento de marzo que hizo de mi corazón un bailarín.
-El parque en la noche cuando las campanas sonaron.
-El suspiro de los trenes a la medianoche, en las estaciones vacías.
-El olor de las hojas ardiendo.

TE RETO A
Enumerar todo aquello que te recuerda a un amor pasado.

SALVAVIDAS
Como alternativa, escribe esta lista poniéndote en lugar de un protagonista de una serie, de una película o de uno de tus personajes.

Mal

Tipo de reto: personaje

Ya hablamos en otro reto, "Más malo que peor villano", sobre la construcción de esos personajes villanos con una maldad tan exacerbada que terminan resultándonos una parodia grotesca. Pero en este reto deseo compartir un concepto teórico, acuñado por Hannah Arendt en su libro *Eichmann en Jerusalén*, que puede ayudarnos a construir un personaje de este estilo.

Arendt asistió al juicio contra Eichmann en 1961 como corresponsal de *The New Yorker*. Ella se sorprendió al encontrarse ante un hombre "común", que no demostraba las atrocidades que había cometido contra los judíos, gitanos y los no "arios".

La justicia dio importancia únicamente a aquel hombre que se encontraba en la cabina de cristal especialmente construida para protegerle, a aquel hombre de estatura media, delgado, de mediana edad, algo calvo, con dientes irregulares, y corto de vista, que a lo largo del juicio mantuvo la cabeza, torcido el cuello seco y nervudo, orientada hacia el tribunal (ni una sola vez dirigió la vista al público), y se esforzó tenazmente en conservar el dominio de sí mismo, lo cual consiguió casi siempre, pese a que su impasibilidad quedaba alterada por un tic nervioso de los labios, adquirido posiblemente mucho antes de que se iniciara el juicio.

Sin entrar a discutir a fondo su propuesta teórica, criticada por algunos, nos resulta interesante pensar en un ser humano que porta la capacidad de matar y torturar si se dan las condiciones necesarias. ¿Por qué? Hemos sido construidos para respetar a la autoridad y para obedecer. La experiencia de Milgran, que colocaba a unas personas bajo la dirección de un científico y sugería aplicar descargas eléctricas a un tercero, demostró que todos somos capaces de hacer daño si se dan determinadas condiciones: por un bien común mayor, dirigidos por una autoridad legítima (científicos, médicos, líderes religiosos, jerarquías militares), elegir entre salvar a mil y matar a uno. En este contexto, al construir nuestros personajes, no nos olvidemos de la *banalidad del mal*, de que son las personas que se nos presentan como "corrientes" y "normales", las capaces de cometer las matanzas más atroces.

TE RETO A
Construir un personaje villano creíble.

Mi banda

Tipo de reto: lista

Imaginemos que somos músicos, que estamos en la escuela secundaria (preparatoria) y que con nuestros amigos deseamos ser famosos. Nuestro primer paso será aunarnos en una banda bajo un nombre. No es lo mismo si tocaremos *rockabilly* que *heavy metal*. Hay nombres más "metaleros" que otros. Lo mismo si desean tocar cumbia argentina. Veamos algunos ejemplos:

-Cumbia argentina: *Corre guachín, Pibes chorros, Flashito tumbero.*
-Heavy Metal: *Metallica, Back From Ashes, Black Sabbath.*
-Rockabilly: *Stray Cats, The Crickets, Hillbilly Hellcats.*

También hay nombres de bandas que, al apelar al humor, son difíciles de olvidar: *Feos pero majos, Los auténticos decadentes, Lentejas kes jueves.*

En este reto te propongo que inventes una serie de nombres para bandas de un estilo musical que te guste.

TE RETO A
Inventar 10 nombres de bandas de diferentes géneros.

En búsqueda del título perdido

Tipo de reto: fragmento

En este reto buscarás uno de tus relato o alguna novela que has escrito y escribirás varios títulos alternativos, desde muy largos hasta de una sola palabra.

TE RETO A
Escribir diez títulos.

SALVAVIDAS
-Combina distintas maneras de construir un título: nombre del protagonista, un sustantivo, nombre de un lugar, artículo + sustantivo + adjetivo.
-Inspírate en otras obras del mismo género. ¿Cuáles son las más vendidas? ¿Cómo está construido el título?

Puerta al futuro

Tipo de reto: ensayo

A muchos nos encantan las profecías y las artes adivinatorias por el misterio de esa magia que abre una rendija desde donde podemos espiar al futuro. Uno de los más famosos es Nostradamus, en realidad llamado Michel de Nostredame. Fue un erudito, médico, astrólogo, nacido en 1503. Se ha hablado mucho de él y hay quienes lo elevan a profeta.

Descubrí a Nostradamus cuando era adolescente y me apasioné con sus cuartetos. Reconozco que mucho no entendía y comencé a investigar por mi cuenta como si fueran acertijos.

> Cuando el pez terrestre y acuático
> por fuerza vaga al suelo sea llevada.
> su forma extraña suave y horrorosa,
> por mar a los muros muy pronto los enemigos.

"Pez terrestre y acuático" podría referirse a un vehículo militar anfibio.

Otros cuartetos:

> Donde está todo lo bueno, todo el bien Sol y Luna,
> Es abundante, se acerca su ruina:
> Del cielo se avanza aventar tu fortuna,
> En el mismo estado que la séptima roca.

> Será dejado fuego vivo, muerto escondido,
> Dentro de los globos horribles espantosos,
> De noche sobre naval ciudad en polvo convertida,
> La ciudad al fuego, el enemigo favorecido.

TE RETO A

Descifrar algunos de los cuartetos de Nostradamus y redactar tu interpretación.

Agonía

Tipo de reto: relato corto

Épica es una banda holandesa, fundada en el 2002, que compone bajo el género de metal sinfónico. Me gustan sus letras porque narran historias fantásticas. Una de mis favoritas es *The Phantom Agony*, nombre también de su primer disco. En esta canción se debate sobre si aquello que soñamos no es parte de un supuesto viaje al mundo de los muertos o si los muertos sueñan la realidad de los vivos. ¿Y si nuestra vida fuera el sueño de los muertos?

> No puedo sentirte.
> ¿Existimos en absoluto?
>
> Usa tu ilusión
> y entra en mi sueño

TE RETO A
Escribir un relato en el cual un personaje duda sobre si está soñando o si está muerto.

Ahora, ahora, ahora

Tipo de reto: fragmento

No toda repetición es "mala", también puede ser un recurso intencional cuando un autor enfatiza algún sonido (aliteración) o escribe un juego de palabras (trabalenguas). Pero, si no tuvimos intenciones de generar esa repetición de sonidos, lo mejor es corregirla.

El siguiente ejemplo pertenece a la novela *Tala* de Thomas Bernhard. El autor utiliza la repetición de palabras para enfatizar el carácter obsesivo y crítico, así como la situación en la que se encuentra el protagonista:

> En tanto que los habitantes de Kilb, que, como suele decirse, habían venido en gran número al entierro de Joana, lo habían hecho todo naturalmente, dicho todo naturalmente, cantado todo naturalmente, andado siempre naturalmente y se habían puesto de pie naturalmente y sentado naturalmente y todo siempre ni demasiado tarde, ni demasiado pronto, ni demasiado deprisa, ni demasiado despacio.

TE RETO A
Escribir un párrafo que contenga una repetición.

Preguntas literarias 2

Tipo de reto: fragmento

En otro reto con el mismo nombre, ya hemos apelado a escribir respondiendo preguntas halladas en las novelas. Ahora te proponemos continuar con la misma tarea.

-*¿Qué seré mañana?* (Herman Hesse, Sidhartha)
-*¿Cómo es posible condenar algo fugaz?* (Milan Kundera, La insoportable levedad del ser)

TE RETO A
Responder las preguntas citadas.

Carta a Hitler

Tipo de reto: carta

Mientras planificaba este libro, recordé uno de los textos más duros que leí, *El piloto de Hiroshima*, una serie de cartas que escribió Günther Anders dirigidas al piloto que señaló el sitio para arrojar la bomba durante la Segunda Guerra Mundial. Llegué al texto a través de una búsqueda sobre la guerra. Günther Anders era un pacifista, crítico hacia el avance de armas y, por supuesto, contra el uso de las bombas atómicas. En sus últimos años, evaluó su posición, con pesimismo o con realismo, sobre el impacto tibio que tuvo el movimiento en el cual había participado.

Más allá de este tema, doloroso y apasionante, de la necedad de ciertos humanos que pueden destruir un planeta completo, traje a colación estas cartas porque en este reto te propongo que escribas a un personaje histórico sobre sus acciones nefastas, sobre lo mal que nos ha hecho en nuestro presente. Galería de personajes nefastos, lamentablemente, nos sobran: Mengele, Stalin, Hitler.

TE RETO A
Escribir una carta a un personaje histórico.

PARA INSPIRARSE
-*Nosotros los hijos de Eichmann: carta abierta a Klauss Eichmann* de Günther Anders.

Balas que son cúpulas

Tipo de reto: lista

Para Milan Kundera, en La insoportable levedad del ser, las cúpulas de las iglesias se parecen a balas de cañones; la luna, a una lámpara colgante.

Llegó hasta el parque sobre el cual, a lo lejos, flotaban las áureas cúpulas de la iglesia ortodoxa, como balas de cañón doradas.

La luna colgando de un cielo aún no oscurecido le parecía como una lámpara que han olvidado de apagar y que ha estado encendida todo el día en la habitación de los muertos.

Cierra los ojos e imagina la escena: cúpulas doradas, globosas, como espejos solares. ¿Qué más puedes imaginar?

TE RETO A
Confeccionar más comparaciones para "cúpulas" y "luna".

Todo aquello que hace a mi alma cantar

Tipo de reto: lista

Cuando pedimos que alguien exprese aquello que disfruta, suele enumerar palabras sueltas: "café", "dormir", "cantar". Pero no existe un solo tipo de café ni tampoco una sola manera de consumirlo.
Te pedimos que enumeres aquello que disfrutas con detalle. Por ejemplo:

-Mar: el sonido de las olas crepitando en la espuma.
-Jazz: canciones cantadas por voces graves y grandes orquestas en un club nocturno de los años cuarenta.
-Gatos: la siesta tibia de los gatos enroscados en los sillones mullidos.
-Escribir: el discurrir de la tinta en el lecho blanco de una hoja.
-Noche: el silencio de la soledad durmiendo sobre todas las cosas.

TE RETO A
Confeccionar tu lista de todo lo que te gusta.

Pasaje al Infierno

Tipo de reto: fragmento

> *Éstos de sangre el rostro les bañaban,*
> *que, mezclada con llanto, repugnantes*
> *gusanos a sus pies la recogían.*
> Dante Alighieri

Los creyentes de diversos cultos realizan ritos o ceremonias para congraciarse con su divinidad: sacrificios, rezos; incluso, matar como durante las Cruzadas, para obtener las indulgencias plenarias. Dicen que estas indulgencias borran todos los pecados, aún los que se cometerán en el futuro. Si fuese así, puede leerse como un boleto que asegura la salvación.

En la Divina comedia, Dante Alighieri narra el viaje de quien se atreve a entrar en el Infierno para hallar a la mujer que ama. Esta obra inspiró a numerosos artistas. Por ejemplo, en Buenos Aires existe un edificio que comenzó a construirse en 1919, el Palacio Barolo, mezcla distintos estilos arquitectónicos, con su cúpula de estilo hindú y faros giratorios de unas trescientas mil bujías era visto desde Uruguay (F. Dejtiar, 2017). También inspiró videojuegos (*Dante se va al Infierno*), novelas (*Inferno* de Dan Brown), películas (*Más allá de los sueños*) y composiciones musicales. ¿No es impresionante que un escrito de más quinientos años aún impulse a los artistas a crear?

TE RETO A
Narrar un viaje al Infierno.

Mi libro de las sombras

Tipo de reto: plástica

Los *Libros de las sombras* compilan hechizos, rituales y magias *wicca*. También son conocidos como *grimorios*. En una de mis series favoritas, *Charmed*, tres hermanas brujas descubren en el ático un libro de hechizos que han escrito sus antepasados. Ellas deberán anexar sus propios hechizos y describir el motivo que llevó a crearlos, el tipo de demonios y otras observaciones para lograr la efectividad de estos rituales.

Algunos de los grimorios han sobrevivido a la Inquisición, como el caso de un Grimorio de Islandia que se conserva en el Museo de la brujería y otros como el *Gran grimorio*, el *Grimorio del Papa Honorio*, las *Clavículas de Salomón* (A. Abraxas, 2002).

Lovecraft citó en varios de sus textos al *Necronomicon*, un grimorio escrito por un árabe llamado Abdul Alhazred. Además, este escrito fue citado también por otros integrantes del Círculo Lovecraft en un ejercicio de intertextualidad. Esto indujo a algunos a creer que esta obra ficcional era auténtica. En realidad, fue escrito por Lovecraft imitando a los verdaderos libros de los magos (C. Lippert, 2012-13). No es el único libro ficticio que este autor creó para otorgar verosimilitud a sus textos. Por ejemplo, *De Vermis Mysteriis*, *Libro de Eibon*. Tal fue la popularidad que debió explicar que el libro era una obra de ficción, que él lo había inventado. Es evidente que está tan bien escrito que pasa por auténtico.

Dejando de lado las discusiones religiosas, te invitamos a confeccionar, en un cuaderno o unas hojas cosidas, tu propio libro de hechizos inventados. Decora la portada con hojas secas, adosa signos o un dibujo de tu interés. La primera página puede contener una advertencia para quien abra el libro sin autorización. Luego, una serie de hechizos de diversos tipos, con diagramas, dibujos y otra información junto a datos para llevarlos a cabo como hora del día propicio, vestimenta, utensilios mágicos, etc.

TE RETO A
Inventar tu *Libro de las sombras* o *Grimorio*.

Con altura

Tipo de reto: lista

En *Un chino en bicicleta* de Ariel Magnus, se narra la historia de un niño que no podía insultar ni cuando su padre lo llevaba a ver un partido de fútbol. A pesar de los intentos del padre por convertirlo en todo un fan futbolista, el niño, con gran esfuerzo, lo único que pudo decir fue "qué feo que sos".

En *Tala* de Thomas Bernhard, el protagonista posee una mirada muy ácida sobre la sociedad y lo manifiesta con una serie de insultos bastantes extravagantes: "Andares sólo rimados por la perversidad", "prototipo del histrión totalmente carente de inspiración", "sus brutales mazazos verbales", "ridículo de la forma más repelente", "o son más que pequeñas, redomadas y ambiciosas paniaguadas del Estado".

Sheldon Cooper, personaje de la serie de *The Big Bang Theory*, también piensa mucho a la hora de maldecir a otro: *Eres un Homo habilis que acaba de descubrir sus pulgares opuestos.*

TE RETO A
Escribir una lista de insultos estilo Bernhard.

Bon Voyager

Tipo de reto: fragmento

En el año 1977 se lanzó el Voyager 1, una nave espacial que viajará durante más de cuarenta mil años. Esta sonda lleva un disco de oro con información para alguna otra especie que pudiera cruzarse en su camino. Este disco contiene saludos en varios idiomas, sonidos sobre olas, de animales, conciertos y canciones populares, dibujos para ilustrar la vida en la Tierra.

En este reto deberás escribir un mensaje para anexar a este disco en el cual describas alguna costumbre o aspecto de la humanidad que quieras que otra especie pueda conocer.

TE RETO A
Escribir un texto para ser enviado a otra galaxia.

Tu reto

TE RETO A
Inventar tus propios retos.

Palabras finales

Al llegar aquí, ya has completado varios retos. Te propongo que retomes lo escrito en la introducción sobre los motivos de tu bloqueo e intenta buscar soluciones. Si es cuestión de organizar el tiempo, selecciona días y horarios en los cuales puedas escribir y defiéndelo de todos los problemas o esas cuestiones "urgentes" que terminan apoderándose de tu día. Repasa las posibles causas, busca hasta hallar el origen. ¿Cómo podrías resolverlas? ¿Qué podrías hacer hoy para que mañana puedas estar más cerca de tus objetivos?

Un asunto importante es responder si disfrutas de escribir. Si algún aspecto te lo impide, busca la pasión en el arte, asiste a eventos, habla con otros escritores, encuéntralos en tu ciudad, en las redes sociales. Haz de la escritura tu forma de vida.

Como último reto, te desafío a que respondas la carta que Rilke le envió al joven poeta: ¿debo escribir?

Agradecimientos

Agradezco al Nanowrimo porque me enseñó que se puede escribir una novela en un mes. También agradezco todos los espacios donde aprendí: grupos de lectura, foros, libros en los cuales los escritores comparten su experiencia y consejos.

Por último, agradezco que seas mi lector o lectora. Te invito a compartir qué te ha parecido este libro en las redes sociales y en espacios como Goodreads o Amazon. Cualquier consulta, puedes escribirme a mi correo electrónico. ¡Buena escritura!

Keren Verna (keren.verna@gmail.com)

Haz lo que amas. H. Thoreau

Bibliografía

10 preguntas a Marina Macome. (2015, Noviembre 12). *El almacén de libros*. Recuperado el 4 de julio de 2017 de: http://blog.elalmacendelibros.com.ar

Abraxas y Akzinor. (2002). *La magia medieval: El secreto de los grimorios medievales*. Edad Editorial.

Albaret, C. (2004). *Monsieur Proust*. RquerR Editorial.

Amar, J. (2006). *El fotoperiodismo*. La marca editora.

Amiano, D. (1997). *Por Orozco contó todo*. Diario online La Nación. Recuperado el 4 de diciembre de 2016 de: http://www.lanacion.com.ar/72132-por-orozco-conto-todo

Arendt, H. (1999) *Eichmann en Jerusalén: Un estudio sobre la banalidad del mal*. Editorial Lumen.

Arreola, J. J. (1997). *Confabulario definitivo*. Ediciones Cátedra.

Axtell, R. (1991) *Gestos: Lo que se considera correcto e incorrecto en la comunicación a través del lenguaje corporal en todo el mundo*. Barcelona: Editorial Iberia S.A.

Barthes, R. (2003). *La cámara lúcida: notas sobre la fotografía*. Ediciones Paidós.

Basho, M. (2009). *Haiku de las cuatro estaciones*. Miraguano Ediciones

Basho, M. (2006). *Sendas de Oku*. México: F.C.E.

Bassat, L. (1998). *El libro rojo de la publicidad*. Espasa Calpe Mexicana S.A.

Benedetti, M. (1999). *Rincón de haikus*. Seix Barral.

Bertazza, J. P. (2009). *Patapúfete*. Página 12, Radar. Recuperado el 4 de diciembre de 2016 de: http://www.pagina12.com.ar

Biedma López, J. (1997). Iniciación al aforismo. *Alfa: Revista de la Asociación Andaluza de Filosofía*, Vol. 1, N° 1, 1997, pp.71-73.

Birdwhistel, R. (1970). *Kinesics and Context: Essays on Body Motion Communication*. University of Pennsylvania.

Brahms, W. (2010). *Last Words of Notable People: Final Words of More Than 3500 Noteworthy People Throughout History*. Reference Desk Press.

Breve historia de los orígenes de Oulipo. (2005, septiembre). El hablador. N° 9. Recuperado en diciembre de 2016 de: http://www.elhablador. com/patafisica1.htm

Brunner, B. (2005). *The History of the Fortune Cookie*. Recuperado el 4 de diciembre de 2016 de: http://www.infoplease.com/spot/fortunecookies.html

Brunvand, J. (2004). *El fabuloso libro de las leyendas urbanas*. Random House Mondadori

Castillo, H. (2005). *Por un poco más de de luz*. Editorial Brujas.

Cortázar, J. (2007). *Historia de cronopios y de famas*. Punto de Lectura.

Dejtiar, F. (2017). *Palacio Barolo: un edificio inspirado en la Divina Comedia en Buenos Aires*. 26 Mayo, 2017. Recuperado el 4 de julio de 2017 de: http://www.plataformaarquitectura.cl/

Dicks, M. (2012). *Memorias de un amigo imaginario*. Editorial Mundo de Tinta.

Eisner W. (1998). *El cómic y el arte secuencial*. Editorial Norma

Eluard, P. (2002). *Cartas a Gala*. Tusquets.

Entrevista al escritor irlandés John Banville. (2014, mayo 16). Naiz. Recuperado el 20 de diciembre de 2016 de Recuperado de: http://www. naiz.eus/es /blogs/lasoledadprogramada/posts/entrevista-al-escritor-irlandes-john-banville

Escobedo, J. (2011). *Enciclopedia de la mitología*. Editorial De Vecchi.

Fernández, C. (2014). *La basura de los famoso en imágenes*. Blue BBVA.

Recuperado el día 2 de noviembre de 2016: http://www.bluebbva.
com/2014/10/la-basura-de-los-famosos-en-imagenes.asp

Fontanarrosa, R. (2004). *Conferencia sobre las malas palabras*. El monitor, número 3. Recuperado el 3 de noviembre de 2016 de: http://www.
me.gov.ar/monitor/ nro3/dossier3.htm

Fuentes, N. (1984). *Hemingway en Cuba*. Editorial Nueva Nicaragua

Geertz, C. (1973). *La interpretación de las culturas*. Buenos Aires: Gedisa.

Girondo, O. (1996). *Obras completas*. Buenos Aires: Losada.

Hace 40 años, Córdoba se quedó sin jardín florido. (2008, julio 19). La voz del interior. Recuperado el 3 de noviembre de 2016 de: http://archivo.lavoz.com.ar/

Halló un emotivo mensaje dentro de una botella en el mar. (2006, abril 28). Infobae. Recuperado en junio de 2016 de: http://www.infobae.com

Harris, G. (2013). *Las grandes preguntas de los niños: Y las sencillas respuestas de los expertos*. Paidós.

Huyssen, A. (2001). *En busca del futuro perdido. Cultura y memoria en tiempos de globalización*. Fondo de Cultura Económica

King, S. (2004). *Mientras escribo*. Debolsillo.

Klepnner, O. (1994). *Publicidad*. Prentice Hall México.

Kohan, S. (2005). *El tiempo en la narración*. Alba Editorial.

Kohan, S. (2013). *Escribir sobre uno mismo*. Alba Editorial.

Kolesnicov, P. (2015). *Una senadora del FPV pide un repudio para la escritora Selva Almada*. Clarín. Recuperado el 4 de diciembre de 2016 de: http://www.clarin.com/

Le Guin, U. (2000). *La mano izquierda de la oscuridad*. Editorial Minotauro.

Leopardi, G. (1995). *Prosas morales*. Editorial Fontamara.

Lichtenberg, G. (2006). *Un sueño y otros aforismos*. Universidad Autónoma de México.

Lins Ribeiro, G. (1989). Descotidianizar. Extrañamiento y conciencia práctica, un ensayo sobre la perspectiva antropológica. En: *Cuadernos de Antropología Social*, Sección Antropología Social, Instituto de Ciencias Antropológicas, Facultad de Filosofía y Letras-UBA, Vol.2, Nº. 1.

Lippert, C. (2012-13). Lovecraft's Grimoires: Intertextuality and the Necronomicon. En: *Working With English: Medieval and Modern Language, Literature and Drama 8*, Gothic Histories, pp.41-50.

Maiakovski, V. (1976). *Carta de amor a Lili Brik*. Ediciones de la flor.

Maita, C. (2001*). 100 coplas populares de Rosario de la Frontera*. Grupo Cultural TAKKU, revista La Frontera. Recuperado el 10 de diciembre de 2017 de: http://www.portaldesalta.gov.ar/libros /coplaspopulares.htm

Malinowski, B. (2001). *Los argonautas del Pacífico occidental*. Editorial Península.

Mann, T. (2003). ¡Escucha, Alemania! Discursos radiofónicos contra el nazismo. Editorial Colibrí

Mattoni, S. (2005). Poemas sentimentales. Editorial Siesta.

Message in bottle confirmed as world's oldest and nets German woman shilling reward. (2006, abril 20). The Telegraph. Recuperado en junio de 2016 de: http://www.telegraph.co.uk/

Mistral, G. (1999). *Cartas de amor y desamor*. Editorial Andrés Bello.

Mo, Si. (2015). *Humor: Lo demás son tonterías*. Kindle Edition.

Molina, E. (1996). Hacia el fuego central o la poesía de Oliverio Girando. En: Oliverio Girando. *Obras Completas*. Editorial Losada.

Monterroso, A. (2013). *El paraíso imperfecto*. Debolsillo.

Moret, X. (2002). *La isla secreta: un recorrido por Islandia*. Ediciones B

Moutier, M. (Comp.) (2014) *Cartas de la Wehrmacht*. Editorial Crítica.

Muere Pedro Ocón de Oro, maestro del arte de hacer pasatiempos. (1999, julio 7). ABC. Recuperado en septiembre de 2016 de: http://hemeroteca.abc.es

Murray, A. (2013). *Quién es quién en la mitología*. Edimat Libros.

Neruda, P. (2005). *Confieso que he vivido*. Debolsillo.

Paz, O. (2003). *El arco y la lira.* F.C.E.

Pellegrini, A. (2006). *Antología de la poesía surrealista de lengua francesa.* Editorial Argonauta.

Rilke, R. (2004). *Cartas a un joven poeta.* Longseller.

Rodari, G. (2002). *Gramática de la fantasía.* Editorial Planeta.

Rostand, E. (2011). *Cyrano de Bergerac.* Agebe.

Pavón, A. (2016). *Marta Rivera de la Cruz: Un escritor siempre aspira a que su mejor novela sea la siguiente.* Nuestro tiempo. Recuperado en octubre de 2016 de: http://www.unav.es

Pelegrín, J. (2010). *La historia alternativa como herramienta didáctica: una revisión historiográfica.* Proyecto CLIO, 36. Recuperado el 3 de julio de 2017 de: http://clio.rediris.es

Pessoa, F. (2015). *Libro del desasosiego.* Emecé

Queneau, R. (2004). *Ejercicios de estilo.* Editorial Cátedra.

Ríos Navarrete, H. (2014*). Crónicas Urbanas: El oficio de escribir las cartas de amor de otros.* Sipse. Recuperado el 8 de noviembre de 2016 de: http://sipse.com/mexico/cronicas-urbanas-escribientes-plaza-santo-domingo-df-85328.html

Schopenhauer, A. (2006). *El arte de tener razón. Expuesto en 38 estratagemas.* Editorial Alianza.

Silva, A. (2010). *El libro del haiku.* Buenos Aires: Bajo la luna.

Shrier, S. (2004). *Shishaldin: Untimely Career Retrospective.* The Brooklyn Rail.

Sokal, A y Bricmont, J. (1999). *Imposturas Intelectuales.* Paidós.

Spence, L. (2013). *Introducción a la mitología.* Edimat Libros.

Terencio. (1998). *Comedias.* Editorial Porrúa.

Tolkien, J. R. R. (2006). *Cartas a Papá Noel.* El Aleph.

Toriz, R. (2016). *Relato de identidad programada.* Revista Perfil. Recuperado en noviembre de 2016 de: http://www.perfil.com

Tzara, T. (1999). *Siete manifiestos dadaístas*. Tusquests.

Vargas Llosa, M. (1997). Los cuadernos de don Rigoberto. Alfaguara.

Vilches Fuentes, G. (2014). *Breve historia del cómic*. Ediciones Nowtilus S.L.

Villar, E. (2011). *Una romántica historia de mensajes en una botella*. La Razón. Recuperado en noviembre de 2016 de: http://www.larazon.es

Walsh, M. E. (2015). *Zoo loco*. Alfaguara.

Wolf, V. (2011). *Las olas*. Buenos Aires: Terramar.

Índice

Made in the USA
Las Vegas, NV
24 February 2022